高职语文教学改革与创新研究

郭朝红 著

吉林人民出版社

图书在版编目（CIP）数据

高职语文教学改革与创新研究 / 郭朝红著. -- 长春：
吉林人民出版社，2023.9
　　ISBN 978-7-206-20058-8

　　Ⅰ．①高… Ⅱ．①郭… Ⅲ．①大学语文课－教学改革
－研究－高等职业教育 Ⅳ．①H193

中国版本图书馆 CIP 数据核字(2023)第172427号

高职语文教学改革与创新研究
GAOZHI YUWEN JIAOXUE GAIGE YU CHUANGXIN YANJIU

著　　者：郭朝红
责任编辑：赵梁爽　　　　　　　　封面设计：张田田
出版发行：吉林人民出版社（长春市人民大街 7548 号　邮政编码：130022）
印　　刷：河北创联印刷有限公司
开　　本：787mm×1092mm　　　　　1/16
印　　张：10.25　　　　　　　　　字　　数：150千字
标准书号：ISBN 978-7-206-20058-8
版　　次：2023年9月第1版　　　　印　　次：2023年9月第1次印刷
定　　价：68.00元

如发现印装质量问题，影响阅读，请与印刷厂联系调换。

前　言

"大学语文"是一门以人文素质教育为核心的，融工具性、人文性、审美性为一体的，旨在培养学生语文应用能力、提高学生综合职业素质的公共基础课程。在"互联网+"的时代背景下，高职院校的大学语文课程以其深刻的内涵和丰富的包容性在高职教育中发挥着越来越重要的作用。"互联网+教育"是一种新的教育形态，是现代信息技术与教育的深度融合。对于高职学生来说，只有解放思想、与时俱进，用互联网思维系统地学好大学语文知识，提高综合人文素养，掌握必备的传统文化知识，才能树立文化自信，更好地坚守民族文化阵地，传承文明，开拓未来。

在多年潜心教学、收集第一手教学资料的基础上，作者首先对高职院校的语文课程的定位、目标、教学模式等基础问题进行了概述，其次对高职语文教学改革进行了探索和研究，提出"互联网+"背景下高职院校大学语文教学改革的必要性和实践价值，最后从教学模式和教学方法两个角度入手，借助江苏财经职业技术学院语文信息化教学改革实践案例进行分析，阐述高职院校大学语文课程教学的改革与创新。其中很多教育总结与思考都来自作者日复一日的工作实践，以期为高职院校基础课程改革与创新献上绵薄之力。

在全书的撰写过程中，作者参考和借鉴了国内外相关专著、论文等理论研究成果，在此，向前辈作者致以诚挚的谢意。尽管笔者竭尽全力将自身的教育经验和研究成果整理呈现，但囿于学识眼界有限，高职语文教育教学涉及内容广泛且各个院校的实际情况也不尽相同，书中难免存在一些思考不周、不足之处，恳请同行专家和读者朋友不吝指正。

郭朝红

2022 年 10 月

目　录

第一章 高职语文教学概述

第一节 高职语文的基础解析

一、高职语文的相关含义

（一）高职院校

高职院校是高等教育职业院校的简称，是高等学校的重要组成部分。从世界范围来看，高等职业教育是经济社会发展到一定阶段出现的一种新型高等教育，是和传统普通高等教育有着不同质的另一种类型的高等教育，是以培养具有一定理论知识和较强实践能力，面向基层、面向生产、面向服务和管理第一线职业岗位的实用型、技术型和技能型专门人才为目的高等教育，是职业技术教育的高等阶段。

高等职业教育的大发展在我国高等教育大众化过程中取得了巨大成就。据不完全统计，2017 年，250 余所高职院校的近 1000 个涉农专业点，为乡村振兴培养了 4 万名技术技能人才，高职院校成为乡村振兴人才培养的主阵地[①]。2021 年 3 月 14 日，《中华人民共和国国民经济和社会发展第十四个五年规划和 2035 年远景目标纲要》提出"增强职业技术教育适应性……深化产教融合、校企合作""深化教育改革……落实和扩大学校办学自主权，完善学校内部治理结构，有序引导社会参与学校治理"。政策指出，国际化建设是高等职业教育的重要方面，而江苏省在国际化建设方面走在了国家前列。为纵深推进高等职业教育国际化，江苏省逐步完善基于多元共治的高等职业教育国际化政策体系，构建了网络型主体、共益型客体、服务型工具三大基本要素交互作用的治理架构[②]。

目前，我国的高职院校主要包括国家投资建设的高职院校和社会出资金办学的民办

---

① 上海市教育科学研究院，麦可思研究院 .2018 中国高等职业教育质量年度报告 [M]. 北京：高等教育出版社，2018.

② 陈越，蒋家琼 . 高等职业教育多元共治的架构、机制与效能研究——基于江苏省高等职业教育国际化政策的分析 [J]. 高校教育管理，2022，16（3）：57-67.

高职院校。这两种投资主体不同的院校其办学的最终目的都是一样的,即为社会培养高技术人才,提高高职学生的就业能力。

(二)大学语文

语文是语言和文字的简称,包括听、说、读、写等内容,它不但是人们交流、学习、工作的基础工具,还是人们提高品行、素质的重要途径。高职院校的《大学语文》课程更加突出了高职教育的实用性价值,主要通过让学生学习语言、文字的基本常识,优秀的传统文化精神等内容来帮助学生建立起完善的知识结构体系,进一步提高高职学生的口语和书面表达能力、阅读能力、创新思维能力、审美能力、人文素养等综合素质,使其具备适应广泛就业需要的知识、能力与态度,成为能够为建设现代化社会贡献力量的复合型人才。

高职语文教学不仅要提升高职院校学生的语文能力,更要承担起提高高职学生走出校园、走向社会的生存力和竞争力的重任。与专业教学不同,高职语文具有基础性、人文性、工具性的特征。高职语文是与专业相结合的、具有专业特性的一门人文教育基础课程,它不像专业学科一样有明显的实用目的,它的作用是隐性的。例如,识字断句、理解含义就是语文教学的内容之一,从中体现的阅读能力直接关系到能够正确地理解和学习其他专业知识,但是其作用是隐性的、间接的。语文能力包括观察能力、阅读能力、理解能力和表达能力等各个方面。语文教学就是要对学生的这些能力进行培养和提升,而这些能力的培养也会为学生更好地学习专业知识、锻炼专业技能、服务企业奠定良好的基础。另外,语文学科也具有工具性的特征。沟通能力的强弱是语文能力强弱的直接体现。只有学好语文,才能够开展后续的教学工作,才能够为日后的学习、工作奠定基础。语文课程作为一门基础课程具有普适性的学科工具性,也因为这种普适性导致高职语文教学的作用被忽视。高职语文教学的出路不仅是继续其普适性功能,也需要面向专业,依据专业性质和需要,积极挖掘专业特性,找到共性。我们不仅要从传承文明的角度来看待语文教学,也需要从专业能力培养的细节入手,使语文教学具有针对性,切实把教学重点放到培养学生的综合能力上,以就业需求为目标,以企业实际为导向,使学生能具备较好的语文能力,塑造良好的人文素养和职业素养,学以致用,做一名名副其实的高素质技能型专门人才。

二、高职语文的教学价值

关于大学语文的教学价值,国内外的不同学者和教育家有着不同的研究。比如,潘懋元在其主编的《高等教育学》中提到:"'中国语文'课应当是大学生的必修基础课。大学生应具有较高的文化素养,对祖国的灿烂文化要有相当的了解。这不仅是改善人才素质的需要,而且是各种高级专门人才必备的条件。"①

徐中玉教授认为学习大学语文课程的重要作用在于:增强人文精神的培育;看到人格力量的重要性;帮助学生突破僵化的思维模式,在学习过程中受到启发,从而提高学习能力。文学作品中对自然景物优美的描写提供了美感和享受,在陶冶性情的同时,也能提高鉴赏、写作能力②。

何卫红将大学语文课程的功能分为四个方面:提高大学生汉语水平、提高大学生语文运用能力、传承我国的优秀传统文化、提高精神文明建设③。

综合不同学者的看法,本书认为在高职院校中开设大学语文课程,从学生个体角度来看,有助于提高学生的语文素养,锻炼学生的思维能力以及提升学生的人文素质;从社会发展角度来看,高职院校进行大学语文课程教学具有经济价值、文化价值与生态价值,如图 1-1 所示。

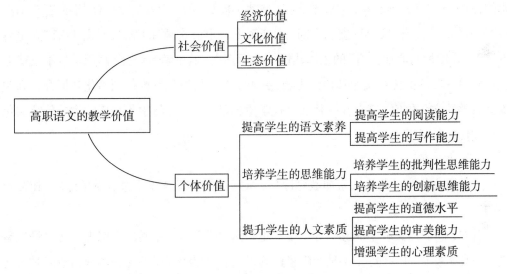

图 1-1　高职语文的教学价值

（一）高职语文教学的社会价值

1. 经济价值

高职语文课程的经济价值,主要是指高职语文教学对于人和社会在经济上的意义,也可以简单地理解为语文教学对于促进社会经济发展所能做出的贡献。高职语文教学对于社会经济的发展所产生的作用是间接的,它需要通过"劳动者"这一中间载体才能

---

① 潘懋元. 高等教育学（上）[M]. 北京：人民教育出版社，1984：127.
② 徐中玉. 对大学语文改革的一些探索、设想 [J]. 群言，2007（08）：19-21.
③ 何卫红. 关于大学语文课程价值及教学的思考 [J]. 当代教育论坛（学科教育研究），2007（12）：81-82.

更好地实现。高职语文教学的目的是培养全面发展的人,而经济发展的主体也是人,因此高职语文教学通过培养全面发展的人,人再通过经济活动产生经济价值,从而间接地实现其经济价值。

2.文化价值

高职语文课程具有传承优秀传统文化的价值。我国传统文化博大精深、源远流长、兼容并蓄、和而不同,流传至今已有五千多年的历史。在如此漫长的时间里,有些传统文化或许已经遗失在了历史的长河中,但幸运的是大部分的优秀传统文化被完整地保留了下来,这无疑要感谢那些为文化传承做出贡献的先辈。除此之外,我们的教育也承担了文化传承的责任,而大学语文就是这样一门重要的课程。高职语文的教学内容以历代名篇佳作为主,它们都是从我国五彩缤纷的文化花园中精心选取的朵朵奇葩,更是从传统文化宝库中用心挑选的件件珍宝。语文作品中有对正直和善良的赞扬,也有对虚伪和丑恶的批判,有"富贵不能淫,贫贱不能移,威武不能屈"的崇高精神,也有"不为五斗米折腰"的傲然之气,有"安得广厦千万间,大庇天下寒士俱欢颜"的宽广胸怀,也有"人生自古谁无死,留取丹心照汗青"的爱国热情。总而言之,通过学习语文,高职学生不仅能够认识到中华民族的传统文化和传统美德,更能使个人的思想境界得到净化和提升。高职语文教学的文化价值,就是在一代又一代学生的学习当中,将中华民族的优秀传统文化世世代代地传承下去。

3.生态价值

大学语文作为一门人文素质教育课程,其宗旨与生态教育理念是相互契合、相互统一的。

首先,高职语文教学能够引导学生尊重自然,培养学生正确的生态观。无论是先秦诸子中孔子提倡的"仁爱",还是老庄坚持的以"自然"为核心,都充分体现出他们对天地自然的无限尊重。"天人合一""道法自然"是他们所提倡的处理人与自然关系的基本法则。自然界在诗人的笔下是绚烂的,是多彩的,是鲜活的,是具有灵性的,更是永恒的。一首《春江花月夜》以孤篇压倒全唐,绘景相当出色。作者描写了波光、潮水、沙滩、夜空、花林、白云、海雾等一系列自然景象,绘制了一幅清丽灵动、春意盎然的"自然风景图",能够让读者从中看到自然的魅力,也能让学生体会到自然存在的本位价值。

其次,高职语文教学能够激发学生对自然界的热爱,从而使其投身到保护生态环境的实践当中。文学作品是生命感悟之作,也是感情浸润之作。王维的《山居秋暝》描绘了山雨初霁,万物为之一新的初秋之夜,空气清新,景色静美,令人悠然神往。学生在欣赏这种自然美的同时,潜移默化地也会增强自身对自然的尊重和保护意识。"梅、兰、竹、菊"被誉为"花中四君子",成为中国人感悟喻志的象征,也是咏物诗和文人画中最常见的题材,这正是根源于对这种审美人格境界的神往。它们的共同特点是自强不息、清华其外、淡泊其中、不做媚世之态,因此成为人们所赞誉的自然景物。高职语文课程能够用自己独有的、声情并茂的教学方式和内容将学生对自然界的喜爱转化为他们的生态观念,内化为自己的价值观,从而让他们参与到社会实践当中。

高职学生是未来社会的主要建设者,只有将生态观念内化为自己的世界观、价值观,并将其付诸实践,这样才能把我们的社会建设成为富强、民主、文明、和谐、美丽的社会。因此,高职语文教学的生态价值是显而易见的。

（二）高职语文教学的个体价值

1.提高学生的语文素养

李维鼎先生曾这样解释"语文":"'语文'就是'言语';'语文教育'就是'言语教育';要言之,即通过听、说、读、写等言语活动去培养听、说、读、写的能力,以适应社会生活中的听、说、读、写的需要。"[①] 由此我们可以看出,语文教学的基本任务就是培养学生的听、说、读、写的能力。中小学阶段的语文教育主要是以培养学生的听、说能力为主,也适当地加入了读和写的学习,而高职教育阶段则以培养和提高学生的阅读和写作能力为主。

（1）提高学生的阅读能力

在高科技、信息化的现代社会,电子设备的多样化和网络的普及性使得我们的日常生活充满了大量各式各样的信息。面对这样的生存环境,只有具有较强的获取信息能力,才能有利于我们更好地生活下去,而阅读就是培养我们获取信息能力的重要途径之一。

阅读是由一系列过程和行为共同构成的。学习阅读的过程就是学习如何从书本文字中提取有效信息的过程。高职语文课程,理所应当地承担训练和提升高职学生阅读能力的重任。高职语文教材相对于中学语文教材来讲,无论是在内容的丰富性上还是在学习内容的深度上都要提升一个台阶。高职语文教材中所选的作品涉及方方面面的内容。从古至今,从国内到国外,从诗歌到议论文,不同年代、不同国度、不同体裁的优秀文学作品都在高职语文的教材里有所涉及。而且高职语文教材中包含的篇目数量也极大地超出了中学语文课本,这样在无形中就扩大了学生的阅读视野。除此之外,高职语文的教学更加注重对学生阅读技巧和阅读能力的培养和提升。在高职语文的教学过程中,教师的主要任务不是教会学生分析课文的模板,而是要引导学生通过对细节的分析,来加深对文学作品的理解,在对作品一遍一遍、反反复复地阅读和分析中,逐渐掌握作者的写作思路,找出作品中想要突出的重点章节和内容。在经过大量的阅读训练后,学生就能很

① 李维鼎.语文言意论[M].上海:上海教育出版社.2000:71.

容易地提取出一篇文章，甚至一部作品中的重要信息，他们的阅读能力也会有大幅度的提升。

（2）提高学生的写作能力

中华民族素来"尚文"，在古代，人们把写作与治国安邦、金榜题名联系在一起；到现代，人们又将写作与工作能力、社会交际相提并论。从古至今，重视写作在我们国家是千年不变的硬道理。如果说阅读是语文学习的输入过程，那写作就是语文学习的输出过程，同时也是语文学习的重点和难点。当今社会，无论是撰写求职信、调查报告，还是专业论文、汇报总结，都需要高职学生有较强的写作能力。广而言之，无论什么人，无论从事什么职业，都离不开写作。高职语文教学专门开设的写作课程，目的就是引导学生加强选题命题、遣词造句、整体布局等方面的基础写作能力。

2. 培养学生的思维能力

（1）培养学生的批判性思维能力

每一部文学作品都有其自身的创作背景和立足点，也都或多或少地反映了当时的社会背景和作者的个人思想，其中也不乏一些极具批判性的观点①。

高职语文中很多文学作品都富有批判精神，可以说，大学语文课程向我们展示的是一个真实、丰富且复杂的现实世界。在语文课程的学习过程中，我们可以充分地认识到现实世界的善恶、美丑，形成自己独到的见解，不迷信权威，而是用审视的眼光来看待问题，逐渐形成独立、批判的思维方式，从而更好地辨别社会生活中的善恶、美丑、真假。

（2）培养学生的创新思维能力

生活在如今这样一个知识经济高度发展的时代，进行创造性活动是必不可少的。而要想进行创造性活动，就必须要先有创新意识。可以说，创新意识是创新能力产生的前提和基础。对于国家而言，创新能力的高低标志着这个国家的发展能力。一个国家创新能力的高低在一定程度上影响着这个国家是否能成为世界强国。对于高职学生而言，无论是撰写专业论文，还是参加各种全国大学生创新大赛，都需要有较强的创新意识和创新能力。

高职院校作为国家培养具有创造性人才的主要基地，在国家创新体系建设中占有十分重要的地位。高职学生是一个特殊的群体，他们正处于一个思想最活跃、对新生事物最为敏感、最富有创新精神的年龄阶段。高职学生是祖国培养的栋梁之材，他们的创新意识和创新能力的高低直接或间接地影响着祖国的未来。可以说，祖国的发展在创新，而创新的希望就是当代高职学生。因此，要增强我们国家的整体创造能力，首要任务就

---

① 谢昭新，张器友. 大学语文与人文素质教育研究 [M]. 合肥：合肥工业出版社，2011：42.

是努力加强对高职学生创新意识和创新能力的培养和训练。高职语文课程的教材以经典文学作品为主，而文学作品的特点之一就是天马行空，富有想象力。语文课本中许多作者都能够在作品中创造出世上根本不存在的事物和意象，从而更加准确、深刻地表现出个人的思想和作品的主题。比如，浪漫派诗人李白凭借着丰富的想象力，创作出了无数经典的诗作，其中的许多名句为后人所传唱，他本人也被赋予了"诗仙"的美名，如"飞流直下三千尺，疑是银河落九天"。作者将飞流直下的瀑布，想象成挂在天边的银河，既生动又贴切，仅仅用简短的十四个字就将庐山瀑布气势磅礴的壮观景象描写得淋漓尽致，从而表现出作者洒脱奔放、宽广胸怀的个性特点。

著名哲学家黑格尔认为，艺术想象的活动才是真正意义上的创造。文学作品的创作离不开出人意表的想象和虚构，而想象力又是培养创新意识和创新精神必不可少的前提和基础。所以，学生在阅读和学习文学作品的过程中，不仅发散了思维，丰富了想象力，而且他们的创新意识和创新能力也在潜移默化中得到了培养和提升。

3.提升学生的人文素质

培养全面发展的高素质人才是我国高职教育的重要使命。高素质不单单指较高水平的专业知识和专业技能，更是指较高水平的人文素养。因此，高职院校的教育目标并不只是将在校学生培养成一个个专职人才，更加重要的是将他们培养成为具有较高素质的人才。而作为高职院校中最主要、最普遍的人文性课程的大学语文，其丰富的人文内涵和文化底蕴对于培养和加强高职学生的人文素养有着非常重要的意义。

（1）提高学生的道德水平

事实上，高职院校开设的每门课程都承载着德育的使命，而语文课程在德育方面更是有着得天独厚的条件。语文课程的教学形式多样、内容丰富，选取的作品都是我们优秀文学宝库中蕴含着"真、善、美"的经典之作。无论任何时代的作品，都包含着我们中华民族优秀的道德品质和民族精神。只有通过对高职语文课程全面、系统地学习，才能使文学作品中优秀的道德品质、高尚的道德情操更好地指引和激励高职学生提高自身的道德修养和精神境界，最终实现道德品质的升华。

（2）提高学生的审美能力

审美教育，又称为美育，是大学生教育中不可或缺的一部分。高职院校通过对学生的审美教育，能够使学生逐渐形成正确的审美观念，使学生能够更好地辨别真伪、善恶，将其培养为全面发展的高素质人才。

文学本身就具有审美的特性。古今中外几乎所有的优秀文学作品中都包含着审美因素，无论是诗歌、散文，还是戏剧、小说，都包含了优美的语言。优美的语言又塑造出了美的形象,描写出了美的景物,展现出了美的意境,为我们呈现了一个美好的世界。高职语文课程对学生的审美教育,主要是通过文学鉴赏的学习来实现的。所谓文学鉴赏,就是指人们在阅读文学作品的过程当中,经过认知、感触、咀嚼、想象和回味的一系列心理活动而产生审美享受的过程。在文学鉴赏的过程中,学生不但能够开阔眼界,更加深入地了解我们生活的世界以及存在于世界的万事万物,而且能获得美的享受,从而净化心灵、陶冶情操。

（3）增强学生的心理素质

近几年,社会竞争越来越激烈,对于即将步入社会的高职学生群体来说,无论是学习、生活还是工作,各方面都承受着巨大的压力。高职语文课程作为高职教育的一部分,在给学生传授知识的同时,也对学生的心理产生着潜移默化的影响。高职语文教材的内容基本上都是由古今中外的经典文学作品组成的。这些作品中蕴含着世界上最伟大的精神和品格,对于正处于人生转型期的高职学生有着非常重要的影响。

三、高职语文的基本性质

语文课程是一门学习祖国语言文字运用的综合性、实践性课程,它的基本特点是工具性与人文性的统一。高职教育是高等教育的特殊类型,由于其鲜明的职业性特点,相较于中小学语文课程,高职语文在课程性质方面表现出不同特点,如教学层次更高,具有知识的提升性;教学目的更注重人文素养和语文综合应用能力;教学模式更灵活多元,不囿于课堂……总结起来,高职语文的性质既包含人文性,也涉及工具性,还具有审美性。

（一）工具性

语文的工具性首先取决于语言的工具性,即语言是交际、交流思想的工具,同时也是思维的主要工具。大学语文的工具性是指通过大学语文课程的学习,大学生能熟练地运用语言这个思维和交流思想的工具,准确地理解别人、表达自己。语文是工具,对此,叶圣陶先生早有论述。他说,语文是"表情的工具"。叶老所说的"工具",不是抽象的语言文字符号,而是指人们形成见解、阐述真理、沟通心智、交流思想、获取知识、研究学问,乃至生存发展所须臾不能离开的语言中介。它活在人们的口头上,承载在书面的语言中。它是构建文段、文章、文学以及各种文化形态的有机元件。高职教育培养的是适应地方经济和社会发展的技术技能型人才。高职语文课程的工具性,具体表现如下。

第一,通过高职语文教学,改变学生的应试思维,锻炼学生语文应用能力、文字信息整合能力、书面写作能力、沟通交际能力,促进学生认识语文学习的实用价值,为学习文、理、工、医等专业知识打下基础。

第二，语文注重形式训练。教师按照课程要求设计教学内容，使教学过程具有一定的科学性，使学生能在内化语文知识的基础上，通过反复地练习和实践，形成自己的语文思维和习惯。例如，学生学习过诗歌部分的内容之后，就能够了解对仗、押韵等诗歌特点，并能够在写作时运用这种技巧，将自己的真情实感表达出来，鉴别假、丑、恶，弘扬真、善、美，进一步提高语文应用能力。

第三，语文课程学习内容的特殊性，使其具有得天独厚的德育功能，有助于学生形成良好的人生观、价值观和世界观，培养稳定、健康的人格品质。

第四，由于高职院校的学生毕业后大多就职于应用技能型岗位，与专业人才培养方案相结合的语文课程，会在教学中设置与专业相关的职业情境，让学生在真实（见习或顶岗）或仿真的职业环境中积累丰富的语言知识、养成良好的文化综合素养、历练过硬的语文岗位能力，为职业生涯发展做好准备。

利用好语文的"工具性"特征，能够为今后的生活和工作奠定良好的基础。历史中很多做出重大成就的科学家，不仅在专业领域表现优秀，在文字思辨能力和信息表达处理能力上也实力突出，这样可以帮助其研究成果通过恰当的文字表达形成理论著作，在更深、更广的范围内传播。另外，学生在进入社会工作时，需要具备良好的沟通表达能力来展示自我、陈述观点。一个能说会写的人无论在哪行哪业都会受到重用。

（二）人文性

文以载道，以文化人，语文教育是一个民族对自己的母语文化的传承教育。人类的优良品质、民族精神、民族传统，都是语文教育本身包含之义，且须通过语言文字的呈现才得以传播，所以在语文的教学过程中，必然贯穿着人文素质的教育。我们常说语文教育具有"人文性"，就是指在语文的教育教学中，要始终坚持"以人为本"的思想，充分利用丰富的教学内容和教学资源，注重知识的内化和渗透，通过挖掘其中的人文精神和文化内涵，使学生受到文化熏陶和情感体验，形成良好的个性和健全、稳定的人格，建立起正确的世界观和人生观。

大学语文课程的人文性主要表现在以下几个方面。

第一，教学理念和目标的人文性。随着职业岗位需求的变化和课程改革的逐步深入，大学语文的教学理念发生了很大变化，除了帮助学生进行语文知识的积累、掌握语文实用技能之外，还要加强语文情感审美教育、爱国主义情怀教育，注重培养学生高尚的人格素养、关注民生的仁者胸襟、出世与入世相结合的人生态度。

第二，大学语文教学内容的人文性。高职学生的身心发展还未完全成熟，其认知能力有待进一步发展,观察能力、思辨能力、批判能力、创新能力等有待完善。语文课程的教学内容相较于其他学科来说,和学生生活的各个方面联系最为紧密,涉及学生学校生活、家庭生活、社会生活的方方面面,因而对学生的身心影响是全方位的。

第三,语文教学方法和手段的人文性。语文教师除了充分运用口头语言传授知识,还要以学生为主体,创设各种情境和教学场景,结合第二课堂、社会实践实训等,通过任务引领、小组讨论、情境扮演等方式营造师生双主体的"亲、助、乐"的课堂氛围,利用信息化手段,构建音乐、视频和文本结合的"美、智、趣"多元互动教学场景,将抽象的教学内容变得生动形象,让每位学生全情投入、享受课堂,激发学生求真、向善、审美的切实情感体验,从而达到综合素质的全面提升。

第四,考核评价方式上的人文性。大学语文的学业质量内涵包含对学生语文知识与能力、学习过程和方法、情感态度和价值观的测试与评价。随着改革的深入,大学语文的评价模式也越来越人文性,在考核中注重评价信息多元化、评价方式综合化、评价角度多向化,具体来说就是定量考核与定性评估结合、过程性评价与终结性评价结合、他评与自评结合,根据不同考核内容,灵活运用课堂即席演讲、实用问题写作、各类演讲辩论、征文比赛、小组展示等不同考核方式,分阶段测试、综合性计分,不仅关注学生智力的发展,更关注学生情感的发展,不仅关注学生学习的既有成果,更关注学生学习过程中的行为表现、情感意志,使教育评价最大限度地介入和渗透于学生学习成长、素质养成的过程中,让每位学生都可以展示优势,享受学习成果,明确努力的方向。

(三)审美性

审美教育是指在教学中对学生进行艺术、情感等方面的教育。因为文学的本质是审美,而语文教材中编选的大都是文质兼美的文学作品,所以语文的世界就是五彩斑斓的美的殿堂,语文课堂理应是情感的、诗意的、审美的。鲁迅先生曾说汉字有"三美":"意美以感心,一也;音美以感耳,二也;形美以感目,三也。"文章不是无情物,每一篇优秀的作品都有独特的性灵、韵味和独一无二的亮色。这些作品不但是学生进行语文基础知识和基本技能训练的上好材料,也是培养和提高语文能力的范本,更重要的是这些作品以其美的形象、美的意蕴、美的情感给学生以潜移默化的审美陶冶,这是其他任何学科都无法企及、无法替代的。

整体来说,审美性是更高层次的定位,需要学生在强化文字言语能力与思维判断能力的基础上,深刻理解"气""神""境""味"以及"言外之意""韵外之致"。大学语文教材中多是历代文学经典作品,为学生建立"文学审美场"奠定了基础。高职学生要循序渐进,不断累积,逐步学会整合审美要素,提升鉴赏能力,形成积极、健康的审美观,加深审美体验,拓展心灵空间,深化传统文化熏陶,提高文化素质、修养。

大学语文的审美特性与文学中的其他因素如认识、政治、道德等不即不离,但是又不等于这些因素本身,各因素间相互渗透、相互依存。高职院校语文分阶段地持续开设,使专业学生在技能、技术学习任务的压力下可以接受规范化人文精神洗礼,引导学生感知美、提高人生思想觉悟,使学生更深刻地理解客观世界,感受现实生活;鉴赏美,更好完善自我心理建设,使学生历练审美气质,陶冶情操,升华审美能力;创造美,使学生净化心灵,开发创新能力,拓展新知识领域,培养行业匠人精神,最终筑牢高职学生理想信念根基,使学生分清美丑与善恶,明辨是非与对错,个体身心得到全面发展,潜移默化将中华民族勤奋踏实、吃苦耐劳、甘于奉献、勇于担当、富有社会责任感的优秀品质注入学生心中。

四、高职语文的主要功能

语文作为一门最具基础性、综合性的学科,蕴含着深厚的文化底蕴和丰富的人文内涵,能够横向联系各个学科,所具有的学科价值也是极其重要的。对于高职学生来说,语文教学是不可替代的文化素质教育。

(一)智育功能

智育功能是语文教学所具有的一个重要功能,它又可以细分为积累知识、提高能力和提高智力三大功能。其中积累知识就是让学生在知识量上更加广泛;提高能力就是让学生交际和听、说、读、写等其他能力得到提升;提高智力就是让学生能够在心理层面上能够更加清晰地认识和了解客观事物,让他们能够利用所学的知识和经验去冷静地分析和处理所遇到的问题。

高职语文的智育功能体现在高职语文学习能培养高职学生的语文能力、素质。语文能力素质就是指以思维和语言为核心的听、说、读、写能力的表现,是要求学生既能迅速、有效地理解语言文字接收信息,又能准确、有效地运用语言文字传递信息,进行思想交流。善于倾听是语文能力的一种。我们不仅可以从别人的谈话中学到许多重要的知识,得到某些启迪,还可以学到新鲜、活泼的语言。另外,口语交际的能力关系到人与人沟通、人与社会交往、与人合作的问题。博览群书、高效阅读能促使我们在阅读中勤于思考、善于思考,进而有所发现和前进。当今社会,一个人必须随时发布信息,书面语言已是常用形式,手机短信、互联网上的博客、聊天都是以语文的形式呈现的。所以,语文能力素质是人们持续发展的深层动力。

同时,高职语文还能够培养大学生的创新思维能力。对于当今的学生——未来的科学家和工程师来说,创新精神的实质最终体现在创新思维能力的培养。创新思维能力必须建筑在想象力上,而想象力的产生必须遵循思维的普遍规律,即从感性到理性,从生动直观的形象到抽象的思维。

（二）德育功能

德育功能也是语文教学中的一个重要功能,它由三个方面的内容组成:情感、态度以及价值观的养成。其中情感方面包括爱国主义和其他情感;态度方面包括积极的、协作的等其他态度;评判价值观的标准为是否利用了真、善、美的原则。

（三）美育功能

语文教学中的美育功能因为语文课程本身的因素而得以更加丰富。这种特性可以让学生增加对美的理解和感知,有利于激发学生的创造能力的潜能。例如,语文教学可以提高学生阅读、写作、表达等语言文字理解和表达能力,这是学习任何学科都必须具备的能力。语文教学中的逻辑形式、文学欣赏等内容,还有助于学生逻辑思维和形象思维等能力的提高。语文教学培养上述能力的过程,是语文教学美育功能的体现过程,而这一过程都能够让学生切身感受到语言和文字的魅力,都能够培养学生的美感和审美能力。

在高职语文教学中实施美育,通常有以下两种途径。

1.巧设教学环节,激发学生审美追求

要想在高职院校的语文教学中实现美育教学功能,语文教师可以对教学环节进行巧妙安排。首先,从每堂课的教学时间安排上入手,将教学时间分前后两部分,前段时间可以安排学生掌握职场所需的写作技能,如公文、材料、论文等,完成教学大纲要求;剩余的课堂时间,可以有意识地穿插文学、绘画、音乐等艺术作品的赏析。如此一堂课安排得既丰富又充实,既让学生掌握了必需技能又能化整为零地受到美的陶冶。其次,学生的精力大多放在专业的技能科目上,因此调动学生求知兴趣、激发学生的审美追求成为许多教学工作者追求的目标。近几年有了多媒体教学手段的辅助,教师可以将以往无法表现的声像展现出来。在这种转变下,学生的学习兴趣明显提升了很多。同时,授课的重点不在于讲解而是感受,教师的主要任务是引导学生解放自己的思想,全身心地去体会、去感受自然之美、人文之美、人性之美。如此一堂课将不再是生硬的灌输,而是一次声文并茂的文化之旅。

2.借助深厚文化资源,提高学生审美水平

通常,语文授课在讲解名人名篇时,学生熟悉的模式是"介绍名人生平—分析写作背景—探讨作品内涵"。在大多数高职院校中,这一模式也是自学生入学起就占据语文课堂且鲜有改变，难免使学生产生厌倦心理。要想克服这种心理，高职语文教师可以拓宽学生的文化视野，焕发他们对传统文化新的感知。其实，文学作品只是中华传统文化的一隅，除此之外，我国优秀的传统文化还有灿烂的乐文化、书法文化、绘画文化等，这些同样蕴含着古代先贤高尚、悲悯的人性，矜贵持重的品行，洞明豁达的涵养，锲而不舍的理想和追求。如果在课堂上能够在深入分析文学作品的同时结合其他方面的成就一起进行赏析，就会给学生带来更直接、更新鲜的审美感受。

综上所述，高职语文对美育教育在高职院校的推行具有积极作用。同时，美育不是某一学科的专职而是要求贯穿整个教育过程的始终，只有调动各方力量，不断探索、不断尝试、不断创新，才能促进学生德、智、体、美的全面发展。

第二节　高职语文的课程定位

一、高职语文课程定位的原则

（一）坚持"以人为本，培养人才"原则

"以人为本"就是在自然、社会与人的关系上，人是本体，人是主体，人是目的，人是标准，人高于自然和社会，一切为了人的生存、发展和完善。"以人为本"的基本内涵：人类社会的任何活动都要以满足人的生存和发展为目的，它强调人是自然、社会、自身的主体；人是价值形态中的最高主体 ①。

学校教育的对象是人，人是教育过程和教育发展之本。高职教育作为学校教育发展的高级阶段，其最终目的是促进人的全面发展。高职院校的办学理念和教育观念的核心就是"以人为本"，注重实践，改革创新，服务社会，把高职大学生培养成为具有人文精神、科学技术和创造能力的新人。"以人为本"，最大限度地实现人的全面发展是社会主义教育所需要实现的目标，是高校育人的应有之义。

树立"以人为本"的教育理念，其核心内容：反对教育无目的论，倡导教人、做人、成人的教育，以培养自我实现或充分发挥作用的人；反对单纯灌输知识、机械强化和条件作用的外在学习，主张将情智教育融为一体，开展最佳成长的内在学习；反对以教师为中心的传统式教学，主张把学生视为学习主体，开展以学生为中心的学习，发扬学习自由

---

① 董希品. 论"统一战线以人为本"的基本内涵 [J]. 山西社会主义学院学报，2005（3）：29-33.

和主动创造精神；反对学校课程脱离价值、价值中立和无目标的无意义，主张进行课程改革，实施意义学习和经验学习；反对不良的师生关系和教学心理氛围，主张学习是一种人际的相互影响，充分发挥教师在意义学习过程中促进者的作用①。

从教育的终极目的来看，高职语文应树立"以人为本"的理念。教师要树立"以人为本"的大学生综合素质培养的理念，把学生当作一个有血有肉、于社会有益的"人"来培养，而不是把他们当作一种智能机器来制造，更不能把他们当作受改造"物"或随意揉捏的"物"，否则学校就只能成为一个"制造学历的工厂"，而学生也失去了文化底蕴。"以人为本"的素质培养的重要核心就是以"人"为出发点，也以"人"为归属，始终把大学生看成有价值、有尊严、有人格的人。

坚持"以人为本"理念，必须重新确立高职学生在教育过程中的主体地位。"以人为本"的教育观倡导以学生为中心的全人化教育，重新确立学生在教育过程中的主体地位，即重视学生主动性、意识、情感和价值观等心理因素的作用，强调对学生创造力的培养。

高职语文教师在实施"以人为本"的教育理念中，要注意几个问题：第一，"以人为本"，是针对学生的发展可能性，而不是放任学生自我发展。它强调的是教育本身的创新与变革。第二，学生必须要有所发展。高职语文教育"以人为本"，是为了促进每位学生达到最恰当的发展。没有学生发展的教育适应，那就是对教育责任的一种放弃。第三，学生的发展应是多样性的。这种多样性，既表现在不同的学生有不同的发展，也表现在同一名学生有不同的发展结构，也就是要真正地打破统一性，形成学生的个性。第四，"以人为本"，并不等于放弃语文教学的社会责任。若忽视教育的社会责任来讲教学，那样，"以人为本"，必将会走向另一种极端，最终破坏社会的发展。

（二）坚持课程定位的科学性与可行性相结合的原则

坚持课程定位的科学性和可行性相结合的原则，从某种角度讲就是要遵循事物本身固有的规律，尊重客观实际。规律即教育教学基本规律。"实际"即学习的主体，客体的实际。高职语文教师要落实高职语文定位必须要根据客观实际，遵循客观规律。教育教学规律就是教育教学过程中诸因素之间本质的、内在的联系或关系，是客观存在于教学过程中的不以主观意志为转移的本质联系，具有客观性、普遍性、稳定性、必然性。处理好这些关系就是遵循了教育教学规律；反之，则是违背了教育教学规律。具体到高职院校而言，最为重要的是遵循三大规律，即师生的身心发展规律、"学"的规律和"教"的规律。这些规律既是对学生而言的，也是对教师而言的，又是对学校而言的。既有宏观的，也有微观的。教学规律是制定教学原则，选择和运用教学组织形式和教学方法的科学依

---

① 车文博. 人本主义心理学 [M]. 杭州：浙江教育出版社，2003：437.

据。高职语文课程,既要坚持和遵循语文教学的基本原则和规律,又必须寻求突破,科学定位,拓展功能,使其对高职学生职业素质的培养和能力的形成产生积极的意义。在教学实践中应该做到从单纯的"职业能力"培养转变为"综合素质"培养,把发展"人"作为教育的出发点,把学生职业能力的训练和学生的个性发展与人格完善有机统一,全面提高学生的综合素质,同时,要顾及高职院校及其学生的实际。换句话说,定位要具可行性。只有行得通,我们预定的教育目标才可以实现。因此,课程定位不可以太高,不能一律向重点本科上靠齐,也不能太低。

学习的主体是学生,他们的主动性、积极性的发挥主要靠教师启发和引导,靠教师的教学艺术及教学机智。一方面,教师要发扬民主,和学生交朋友,做到教学相长;另一方面,教师应想方设法提高学生学习的兴趣,使学生在生动活泼的气氛中学习,激发他们的求知欲和好奇心,启发他们独立思考、广泛想象,真正做到主动地学习。教师不是在"讲"上下功夫,而是在"导"上下功夫。教师可以给学生充分的时间,帮助学生制订学习目标,教给学生学习方法。比如一节阅读课,教师要指导学生"读",教会学生"思",组织学生"议",安排学生"说",引导学生"品",激发学生"评",开导学生"联",布置学生"练"。学生只有在掌握方法的情况下才能自己去探究。教师"导"得得法,学生也会豁然开朗。有了目标,有了方法,学生就会自觉地进入自主学习的状态。

(三)坚持课程创新性与可持续发展性相结合的原则

教育只有不断创新,才可以让学生得到可持续发展,教育本身也才可以持续发展。创新和可持续性发展是相辅相成的。创新是可持续发展的前提,而可持续发展为创新提供新的动力,因此,高职语文课程的定位必须坚持二者的统一。高职语文课程定位的可持续性表现主要有两方面:一是促进高职学生的可持续性发展。高职院校育人定位的内涵之一就是以人的发展为出发点,着眼现实和长远的需要,为人的全面、可持续发展服务。"以人为本"是促进全面教育发展的前提,是人自身的协调均衡的可持续发展,关注人的发展需要,使高职语文教育从人的生存性需要转变为发展性需要,由外在性需要转变为内在性需要,培养具有现代心态的、能够促进社会可持续性发展的人才,这应当成为课程育人定位中最核心的内容。语文是语言,更是一种精神文化、人伦情怀、人生体验、人性感受等精神。语文充分激活了原本凝固的语言,造成痴迷如醉、荡气回肠的人性化情境,使人的情感与之交融。这正是语文教育思想的精华,也是语文教育的灵魂所在。当前,面对构建和谐社会,实现可持续发展的新形势、新任务,高职语文要重构教育理念,根据时代发展要求,创设新的教学思路,顺应时代需要,着眼于未来发展,以培养和谐、健全的人格,关注学生未来可持续发展为着眼点。人格本位教育的着眼点就是在学生整体素质的提高上,定位在学生的可持续发展上。它从传统的知识、专业、技能教育伸展到学生的精神世界,更多地关注学生的人生观、价值观、理想信念、思想道德、人格品行的教育。这种注重人格培养的教育观,适应新形势对于人才规格的要求。当前,构建和谐社会,实现可持续发展的目标,人类将在更高的水平上追求人文与科学的和谐,那么人的和谐和全面发展乃是重中之重。促进人的和谐发展,高职语文必须将教育目标重新定位,从只注重功利转向学生未来发展的可持续性上,为学生铺就终身学习之路。二是大学语文定位的可持续性还表现在课程本身的发展上。大学语文课程的定位,要理论联系实际,结合课程目标以及大学语文发展的趋势,总结其历史经验教训,遵循学科发展规律,遵循教育发展规律,遵循学生的认知规律,要具有前瞻性、科学性、先进性,要经得起实践的检验,不可朝令夕改。

教育教学具有发展的持续性、连续性、不可间断性,承前并启后,一旦不能持续发展,就割裂了教育的整体性。高职语文位在何方,通过多年的实践与讨论,在一定程度一定范围终于得到统一和认可,并且在将来的一段时间里,也将继续着这一定位。

(四)坚持继承传统与与时俱进相结合的原则

高职语文经过了几十年的理论探讨和实践摸索。许多高职院校为了开设好大学语文课程,构建切合我国国情的课程建设,编写教材,课程教学,实现它应该有的教育人效应与价值,做了长期卓有成效的实践,为后来者提供了宝贵的经验。在实践中不断完善一系列教育教学理论,每一次创新都是在继承的基础上完成的。教育的发展在于不断创新,与时俱进。在这个过程中,继承是根本,创新是手段,其发展才是最根本目的。没有继承就割断了教育历史,丢弃了教学的根;没有发展就离开了飞速发展的时代与科学。所以,在继承中发展和在发展中继承,永远是教育发展的基点。高职语文由于受这样或那样因素的影响,在建设发展上还有许多需要改进与完善的地方,其理论研究和实际经验都不能和普通大学语文相比,因此,就更有必要学习继承其他高校的经验,总结高职院校语文课程在发展中的经验教训。同时教育具有时代性。当今,知识更新速度非常快,科学技术发展迅猛,高职语文也不可能一成不变,因此要紧跟时代的步伐,不断补充新内容、新理念,这样才可以让课程得以真正发展。我们中华民族有着几千年的文明史,有着几千年的灿烂文化,这是我们民族文化教育的结晶。我们的前辈先贤所探索的成功的教育经验构成了我们教育的丰厚底蕴,是最可宝贵的文化遗产。在教育改革和创新不断深入发展的今天,我们应当将改革和创新建立在自己教育的丰厚的基础之上,建立在我国的教情之上,在继承的同时应当勇敢地剔除其糟粕、吸取其精华,广泛学习,扩大视野,集思广益,打破陈规陋习,才能使语文教育不断创新、跟上时代发展步伐。

因此,语文教材上我们既要保留一些能够反映我们优秀传统文化、民族精神的经典作品,也要反映世界优秀文明成果,以及当代科学技术文化的最新发展,社会动态,文化服饰潮流,影响民生的政治、经济、生活的时文,体现时代性特色。

(五)坚持教育理论指导与专业实践相结合的原则

大学语文是一门理论与实践紧密结合的课程。高职语文课程目标和大纲清楚地表明学生要具备较高的语文素养,要具备熟练、正确地运用汉语的能力。语文素养包括学生听、说、读、写的基本能力。学生学习语文的一个重要目的就是会运用,会说,能写,说得好,写得好。因此,在课程教学中,学生训练就显得很重要,尤其是高职院校的学生就更为重要。高职教育培养的是生产、建设、管理、服务第一线工作的高技能人才,实践、实用、有针对性就更为突出。教师在给高职语文定位时,就要思考怎样才能把"定位"落实好、落到实处,要根据不同专业的特点,适当作调整、增减,要因材施教。心理学告诉我们,学习兴趣是学习的重要心理成分。具有学习兴趣,会引发强烈的求知欲,使学习变成一种内心的满足,而不是一种负担。对高职院校的学生来说,学习主要是围绕着专业方向来组织的,学习兴趣与专业兴趣密切联系。学生的兴趣是其知识、素养等方面因素在其外在选择上的综合体现。从某种意义上说,符合学生兴趣需要的,也往往是符合学生知识水平、文化素养的,也是学生最容易接受的。教师有培养、提高学生学习兴趣的任务,但也同样有适应学生兴趣、爱好的任务。高职语文课程设置应利用学生对专业的兴趣而对教学内容、重点等做相应的调整,使其更贴近学生的专业,突出其专业特色,这是符合教育心理学及有关学习理论的,也势必使高职语文教学更具魅力,更能激起学生学习专业的兴趣。

二、高职语文课程的准确定位

高职大学语文是一门具有高职特色的"应用与人文相统一"的基础教育课程,是高职院校的公共必修课。从学科性质上说,它是工具性与人文性的统一,具有高职特色;从学科地位上说,它是基础课程,是一门公共必修课。

(一)工具性与人文性的统一

高职语文教学大纲对高职语文课程性质的定位,强调了"工具性"和"人文性"并重。这就是说,高职语文不仅是一门学科,它还承担了传承民族文化的责任;"提高学生思想道德和科学文化素质"的重任落实在语文教学之中,要全面提高学生素养,尤其是学生基础素质的提高。大纲对语文课的发展提出了要求，要培养创新意识和实践能力，要启发思维，要适应今后岗位的需要。

工具性和人文性是大学语文课程的本质属性，两者不能截然分开，而是辩证统一的。只有将语文的应用性与人文性统一起来，才符合语文本质内涵，也才能真正实现语文教育的目的与价值。因此，要实现语文课程的应用性和人文性高度结合的目标，必须在目标与内容的设计、实施上下大功夫，首先是要形成一个关于应用性和人文性相统一的基本认识。应用性与人文性的高度统一是语文课程应该争取的目标，也是完全可以实现的目标。

（二）具有高职特色

高职教育具有自身的特殊性，其培养人才的目标与普通高校有所不同。大学语文课程的具体教学目标是通过中外文学作品、口语和写作范例的教学，使学生巩固和深化汉语基础知识，进一步提高口头和书面表达能力、阅读和理解能力、思维和鉴赏能力；掌握行政公文、法律文书和一般实用文章的写作方法，在日常工作和生活中能熟练地、高效地阅读和写作；同时了解文学与文章体裁的有关常识，增强审美意识，提高人文素质，为学习其他专业和从事各种工作奠定良好的基础。

作为承载课程内容的大学语文教材，它应立足于我国文学和民族文化，突破中学语文单篇文章单独阅读分析的教材编制模式，让学生更深层地了解我国文学的发展脉络，对文学的认识由零散化转向系统化。具体而言，大学语文教材内容主要是以中外经典文学作品为中心，同时编排一些口语交际和写作材料。让学生接触大量的中外经典文学作品是大学语文教材最为重要的部分。

由于高职语文课程所面对的学习对象的特殊性，高职语文还有着独特的任务，那就是培养具有较强应用能力的实用型人才。高职语文课程对于学生学好其他学科、启迪思维、开阔视野、提高思想道德与科学文化素质、适应今后就业岗位的需要、传承优秀的民族文化遗产、加强社会主义精神文明建设具有十分重要的意义。因此，高职语文课的任务是在中学语文教学的基础上，通过大信息量的听、说、读、写的强化训练，增强学生驾驭祖国语言文字的能力，提高学生文学修养，以培养高素质的职业技术人才，因此要让学生处于语文学习的主体地位，通过学生主动学、教师用心导来激发学生学习的兴趣，培养其发现问题、探究问题、解决问题的能力，使其养成自学和自觉运用语文的良好习惯，为提高其全面素质和综合职业能力奠定基础。也就是说，高职语文相对于普通大学语文而言，它更加注重工具性、实用性和专业基础性。高职大学语文是以人文性为主、工具性为辅，二者是统一不可分割的。

从这个意义上看,高职语文教材内容应该有别于大学语文教材。高职教育的特殊性、高职生文化基础的实际以及高职语文教材信息容量和所占课时的有限性,要求高职语文教材编写降低难度、高度,淡化系统性、经典性,突出能力培养目标,兼具人文熏陶与能力训练的双重责任,以提升高职生的综合素养。

（三）高职语文课程是基础课程

高职语文被视为基础教育是有道理的,它可以丰富、健全大学生的知识结构,使大学生成为全面发展的高素质的人才。不过,基础教育不等同于语文基础知识教育,它是以语言文学为基点的一系列高层次的基本技能培训,如深入透彻的欣赏技能和理解技能,以及驾轻就熟的表达技能,等等。这些都是现代大学生面对人生、面对现实所必备的基本技能,也是他们走向成熟、完善自我所必备的基本素质。

高职语文应该不同于义务教育阶段语文,也不同于高中阶段语文,它应该是义务教育阶段和高中教育阶段语文的继续,应该是一门大学生的基础素质教育课程,在内容设置上传授系统的、大容量的语文知识;在目标设置上,阅读重鉴赏分析,表达重真刀实枪,思维重开放多元。综上所述,高职语文课程设置在整个语文教育体系中的定位,是一个以人文素质教育为核心的,是文化素质教育的基础课程,立足精神品质教育这一基点培养学生优秀的文化品位、思维观,是融语文教育的工具性、人文性、审美性、开放性的公共基础课程。

（四）高职语文课程是一门公共必修课

高职院校是指国家为了实施科教兴国战略,发展职业教育,提高劳动者素质,促进社会主义现代化建设,为适应区域和地方经济发展对技术应用型人才的需要,满足广大青年学生接受高等教育的愿望,而设立的高等职业学校。近些年,国家大力发展职业教育,推进职业教育改革,提高职业教育质量,建立、健全适应社会主义市场经济和社会进步需要的职业教育制度。因此,实施职业教育必须贯彻国家教育方针,对受教育者进行思想政治教育和职业道德教育,传授职业知识,培养职业技能,进行职业指导,全面提高受教育者素质。因此,高职教育人才培养目标为高职院校要主动适应经济社会发展需要,坚持培养面向生产、建设、管理、服务第一线需要的思想素质高、实践技能强、具有良好职业道德的技术应用型人才。今后相当长的一个时期,高职院校要以就业为导向调整办学目标和思路,找准学校在区域和地方经济发展中的位置,强化职业技术教育,加大人才培养模式、课程体系、教学内容、教学手段和教学方法等教学领域的改革力度,以高职院校鲜明的办学特色和过硬的人才培养质量、较高的就业率赢得社会的认可和尊重。

那么,高职语文课程的定位就要为实现高职院校的办学性质、办学目标、办学功能、办学定位服务,为高职院校主动适应经济社会发展需要,培养面向生产、建设、管理、服务第一线需要的思想素质高、实践技能强、具有良好职业道德的技术应用型人才而做出自身应有的作用。高职院校应重视高职学生的人文教育、思想品德教育、审美教育、创新教育、职业道德教育、综合职业素质的培养和提高。高职语文课程在整个高职院校教育体系中的定位是为高职学生提高基本语文素质和人文素质以及各种综合素质,并充分体现其职业性特点的公共基础课程。

三、高职语文课程定位的内容

高职语文课程定位的内容主要包括目标定位、教材定位以及课程设置(如图 1-2 所示)。其中在教材定位方面,教师需要根据选择教材的依据确定教材的内容,并对教材进行合理编排。当然,教材的内容需要满足高职学生身心健康发展的特点,以培养高素质的技能型人才为目标。课程的设置也必须按照"应用与人文相统一"的教学原则开展,保证学科类、校内活动类与社会实践类课程的均衡统一,如图 1-2 所示。

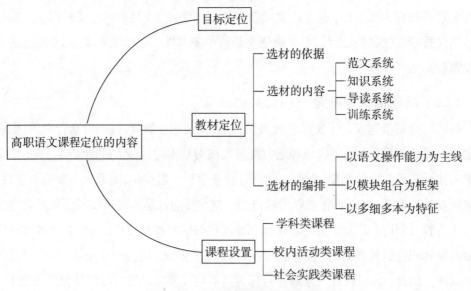

图 1-2 高职语文课程定位的内容

(一)目标定位

在高职课程改革研究中,其目标定位是最基础、最重要的,它直接关系到课程结构、专业口径、人才培养目标乃至教育方法实施等问题。应当说,课程改革的目标定位与高等职业教育培养目标是吻合的。由于在高等职业教育的培养目标上,目前已基本形成了一致认识,即培养生产、建设、管理、服务第一线需要的高等技术应用型人才,是一种能直接上岗的技术型人才，就是俗称的"专才教育"。因此，高职课程改革的目标也就定位在专门性与实用性上。这种专才教育对把握高等职业教育具有较强的针对性，也具有一定的操作性。

从世界范围来看，培养适应广泛就业需要的复合型、综合型"通才"是世界职业教育改革发展的潮流。因此，高职课程改革在目标定位上，我们应充分考虑受教育者能多次就业、转岗的需要，坚持"宽基础、多方向、厚基础、强技能"的原则。

高职语文课程，在整个语文教育体系中是一门以人文素质教育为核心的，融语文教育的工具性、人文性、审美性的公共基础课程；在整个高职院校教育体系中是为高职学生提高基本语文素质和人文素质以及各种综合素质的公共基础课程；在不同专业中，对提高高职学生对本专业的人文修养，对提高学生对专业职业素质的培养具有基础性作用，是提高各个专业学生职业素质、培育人文精神的人文教育基础课程。因此，语文在整个高职院校公共课程中应是人文基础理论课程，应是一门以人文素质教育为核心的，融语文教育的工具性、人文性、审美性为一体的，培养高职学生综合职业素质和能力的公共基础课程，应为高职院校各个专业的必修课程。

（二）教材定位

1. 选材的依据

毫无疑问，选材首先得依据教育目标，也就是语文教育的功能定位，要把握增强人文素养、提高职业能力两个层面，理解其与学科型高等教育中语文教育的异同，并将三者有机融合起来。其次，教材内容应与学生特点相适应。高职学生经过了系统的基础教育，具备较扎实的语文基础知识，加上学生正值生机勃勃的年龄，生理逐渐成熟，观察力向分析观察型发展，有意注意时间增长，逻辑记忆进入顶峰期，思维的批判性和独创性加强，自我意识开始形成，人生观和世界观开始定型，理想信念逐渐坚定，因此，教材内容应选择思维容量大，能体现高尚的理想与人格和积极上进的精神，深刻反映历史与现实社会生活中为大学生密切关注的问题，表现真挚的思想感情、智慧理性、审美价值，并且能提供审美愉悦和思维启迪的课程内容。再次，教材内容应贴近社会生活。高职学生面临就业挑战，加之高职教育强调实践操作能力培养，多在真实的职业环境中开展教学，比学科型大学生更多、更广地接触社会，因此，语文教材内容应该考虑到让学生了解社会，掌握一些解决社会问题的基本技能，特别是在演讲与口才、应用文写作等方面的内容更应尽可能地联系社会需要，以便学生所掌握的知识、技能可以较好地发挥社会效用；对于社会中的种种现象，对于青年人关注的爱情、个人前程等选题不应回避，而应正面展开讨论，积极通过全面调动知、情、意达到教而化之效果。最后，教材容量应考虑课时限制。

高职教育在课程设置中对专业基础理论课的定位为"必须、够用",作为公共基础课的语文更是课时有限,一般为一学期,32学时,而高职语文相关内容繁多,且都有自身严密的知识体系和逻辑结构,因此,选材既要体现相关知识的整体框架,又要本着精品原则,确保选文的少而精,做到"略小而存大,举重以明轻"。

2. 教材的内容

高职语文教材内容是从人才培养目标出发,根据本学科特点和学生身心发展特点及接受能力而界定的。随着时代的不断发展、知识的不断更新,它的内容、范围、程度数量等方面有少许差异,但一般的编排内容体系都包括范文系统、知识系统、导读系统、训练系统(综合性学习·写作·口语交际系统)四大要素。

(1)范文系统

范文是构成教材的主体。在阅读教学中,范文是课文,精选的是国内外古今文学名著及大量实用文,构成了大学语文教材的范文系统。作为教材主体的范文,是作家运用语言的典范。范文主要是提供示范。教师组织学生习得范文,可以逐步培养他们的理解语言和运用语言能力,同时使学生受到情感的熏陶,构建正确的人生观与价值观。作为配套的语文读本也是教材范文系统的必要组成部分。教师如果指导学生主要在课外阅读,就可以形成课外文本阅读与课内文本阅读适当配合模式,实现让学生"得法于课内,得益于课外",实现举一反三,全面地提高学生语文水平。

(2)知识系统

知识系统是语文教材的基本组成部分,是前人在总结语文实践经验基础上形成的运用语言的方法和技巧,具有很强的科学性、规律性、规范性。这个系统包括汉语语音、汉字、语汇知识;语法、修辞、逻辑的基本知识;文言基础知识,文学及文章章法知识;各类文体的鉴赏方法性知识。教师引导学生学好这些知识,有助于其在具体的语文实践中正确使用祖国的语言文字,规范言语表达技能,提高听、说、读、写能力,提高阅读文言文的能力。

语文知识的设计编排遵循了学生的认知心理规律,精选陈述性知识,并精心地安排将知识转化为能力的操作方法、步骤,合理地安排知识的呈现方式,切实做到精要、好懂、适用;对文体章法知识、古文基础知识、文学鉴赏方法知识要在了解的基础上,引导学生结合范文学习加深印象,突出其实践性;语言和逻辑知识的编撰重在要言简明,突出运用性;将程序性知识安排于具体的实践活动中学习,重在方法指导,突出让学生学会语文学习的宗旨。

（3）导读系统

导读系统是为帮助学生正确理解选文，培养学生的预习和自学能力，养成课前学习习惯而设计的一系列材料。导读系统的内容包括：第一，注释系统，主要有课后注释、选文出处文本背景及相关知识介绍等；第二，提示系统，主要有整册教材前言中的教学总说明、单元提示、预习提示、导读提示等内容，其作用在于做总的指向性说明，阅读它能从整体上明白教材的编排意图、能力训练重点、教法与学法；第三，目标系统，包括知识目标、能力目标、人文目标等，有助于学生明确学习过程中的重、难点，明确教材中各知识点的分配状况等；第四，图像系统，包括课文插图、图表、多媒体课件等。

导读系统是语文教材中不可缺少的重要组成部分，其功能在于多角度、多侧面地为学生初步理解课文提供帮助。借助这些资料，有助于学生自主预习文本，促进教师引导学生对文本做深层理解探究性阅读。导读系统所提示的阅读方法，有利于促进学生独立应用语文知识，分析阅读材料，质疑思辨，形成自己独立的情感体验，提高自学能力，养成自学习惯。课文中设计的与文本内容相关的图画系统，包括插图、图表、音像系统、多媒体课件等，能起到渲染氛围，对于唤醒学生的阅读意识有极强的诱发功效。文字类导读系统还常常提供些有丰富启发性的问题，有助于激发学生求知欲望，容易使学生产生认同感。

（4）训练系统

语文实践是语文课程教学的基本特点。在具体的语文实践中学会语文学习，提高多方面的语文素养，这些都必须通过一定的语文训练来实现。

从训练的时间上来看，语文训练系统包括课前预习作业、课中配合训练作业、课后巩固性作业、深化与拓展性作业；从适宜学生身心发展状况、知识与技能发展的层级来看，语文训练系统包括基础知识训练题、基本技能训练题、提高技能技巧题、课后拓展题综合性实践训练等题型；从训练的形式来看，语文训练系统包括记忆、理解、应用性练习及开放性练习。

特别要指出，教材的训练系统是附在单元学习后的综合性练习，具有开放性、延展性、整合性特点，其内容围绕着语言、文学、文化三方面设计，是对单元文本习得的语文基础知识、基本技能、学习方法的综合实践反映，是由课内向课外的延伸与拓展，它将听、说、读、写训练融为一体，目的是让学生在综合性语文实践活动中提高听、说、读、写能力，整合知识能力模块，为形成一册教材知识与能力的模块做横向的单元集合建模，为纵向递进打基础。综合性练习的设计应注意学生的知识水平、兴趣爱好、认知发展水平，重在突出学习过程中的探究性，重点培养学生收集资料、筛选信息和研究问题的能力，提高学生的综合性探究精神。

3. 高职语文教材的编排

（1）以语文操作能力为主线

我国高等职业教育发展方向为"以能力为中心"的培养模式，要求按照综合职业能力或技术应用能力为主线构建课程体系和设计教学计划。为确保培养目标的实现，培养模式被分为基本素质、职业岗位能力、应变能力三个部分。

高职语文教育的重点在培养语文应用能力，即语文操作力。高职语文操作力的主要内容是满足专业所对应的岗位（群）需要的汉语文的听、说、读、写能力。随着信息社会的到来，语文操作力还包括汉语与其他语种之间的互译能力、汉语文的计算机录入能力等，这些教学任务在其他相应的公共课完成。

高职语文教育对每一个能力点按以下程序编写，即提出训练目标—归纳训练方法—训练范例展现—设题学生自练—学生自我检测与教师检测。高职语文的文学欣赏部分，入选者当然必然具备"沉思（指深刻的艺术构思）"和"翰藻（指华丽的辞采）"的特点，用现在的话说就是要文质兼美。所选内容都是名家名篇，且各朝的代表作家的作品大致完备。作为高职教育的一种，高职语文教学一方面要在中学语文教育的基础上，要求学生对中国文学史，中外名家、名作有系统认识，形成一个整体概念；另一方面更应强调学生学会文学欣赏的基本原则和方法，培养文学兴趣及自学，综合运用文学知识和创新能力，为终身学习文学作品、增强文学修养打下基础。

为达到上述目的，高职语文教学应以单元式编排选文，每个单元配套相应的单元知识短文，同时编排单元练习题。"文学欣赏"部分可分为中国古代文学、中国现当代文学和外国文学三个单元，选文要尽可能精当。中学语文教材编排是每个单元讲授一个知识点或一种文体，或一种写作方法，每个单元内选文之间的关系是"同"中显规律、"异"中见个性，纵比循序渐进。高职语文教材单元内选文间的关系是同大时代或同大类别，其单元编排的特点更重视单元间知识的系统性。如中国古代文学部分要将上古文学、先秦策论、汉赋、唐诗、宋词、元曲、明清小说的文学特征、价值和主要代表作介绍给学生。

（2）以模块组合为框架

高职语文教材的编排应是灵活的。"文学欣赏""演讲与口才"和"应用文写作"三大模块既共同组成教材整体，又可根据需要随时取舍。当然这三大模块也可以根据高职院校的实际教学需求进行拆分与组合。比如，当前各大高职院校普遍将"演讲与口才"和"应用文写作"两大模块设为单独的两门课程。这样一来，教师能够对语文知识的讲解更加细化，也更能突出学科的专业性。有的高职院校还会根据培养学生能力、素质的不同方向,将三大模块融合分为"文学荟萃""文化长廊""人与自然""走进科学""人在职场""名家讲坛""学者之声"等几大模块。另外,按不同的教育主题,高职院校还可以将教材内容划分为"以史为鉴、厚学载道""家国情怀、胸怀天下""亲和自然、诗意人生""学以致用、工匠精神""感恩惜情、修身养性"等几大板块。高职院校各自的范文和教学内容自成体系,又可删节,主要有三个原因:一是教材的专用性和通用性结合。高职教育因专业的不同,语文教育的要求的区别较大,语文教材既要考虑到语文教育的主干内容对各专业均适用,具备通用性特点,也要考虑到各专业的区别,如文秘专业对应用要求较高,往往单独开设"应用文写作"课程,所以语文课程中就不必再讲相关应用文的知识了。专用性与通用性的结合还表现在不同学校,因不同质量的生源、不同的办学理念、不同的师资条件等,对教材内容进行不同的取舍选用。二是不断更新与相对稳定结合。现代科学技术发展极为迅速,大量的研究成果不断涌现。尽管语文属公共基础课程,知识具备一定的稳定性,但是也要时刻注意提出新的要求,教育理论成果对教材编写的影响,甚至选文也时刻注意变化更新,以求具备时代气息。三是课程独立设置与交叉相结合。语文课程历来独立设置,但时代发展更强调综合能力的培养。如国际经济贸易专业,由于同时代强调英语和国际通行的经济应用文的运用,且要求与当今时代发展同步,故"国际商贸函电""经济类应用文体写作"等类似课程开始直接引进英语原版教材,采用双语教学。再如,"计算机应用"作为公共课程,文学处理为一个非常重要的内容,而当今社会已进入信息时代,学生毕业后往往在计算机上直接进行应用类文体的书写、排版和发送等工作,因而在应用文体格式教学和练习的过程中,就可以直接在计算机上进行"教"与"学"。这些都要求语文教材的编排具有模块特点,可根据需要随时抽取。

（3）以多细多本为特征

大体则有,定体则无。高职语文课程虽然为公共基础课程,但其教材的编排和使用上应强调多细多本,主要原因有:一是高职院校专业类别不同。高职院校大多进行某一行业的专门教育,有着自身鲜明的专业特点,加上院校间生源质量、对语文教育的侧重有不同的认识等原因,因此高职院校不必强求使用同一本教材。二是以计算机为代表的现代化教学手段的运用,计算机网络教学使学生拥有声、像、文字同时具备的电子教材成为可能。制作电子课件成为广大教师从事教学的基本技能则为网络教学的实施提供了保障。在有条件的院校,"文学欣赏""应用文体写作"等课程可在计算机网络上进行,其教材当然可以是纸质教材与电子教材相结合的。三是高职教育为地方经济建设服务的特点。一般来说,高职教育具备很强的地域性特征,因此,语文课程教材的使用上可以适当与当地的文化特色相结合。

（三）课程设置

语文学科性质的定位决定其课程设置。课程设置是课程定位的体现和保障。因此，教师要依据语文课程的合理定位进行课程设置。根据高职大学语文是"应用与人文相统一"的必修课这一定位，这里将高职语文课程设置的定位为"必需""够用"。

首先，高职院校在课程设置上实行"两化"。课程"两化"是指"基础课程专门化，技能课程专精化"，它是贯彻职业教育改革思想，因地制宜切实推进职业教育教学系统建设与提升的重要措施，也是高职教育教学改革的重要方向与核心内容。基础课程专门化，就是解决"必需"问题；技能课程专精化，就是解决"够用"问题。实际上，高职大学语文课是一门跨学科的基础课，是"百科之母"。

高职语文教师应该强调知识的实用性、针对性和所学理论基础知识在实际中的适用性。无论理论基础还是实践技能都应以"必需、够用"为度，以实际应用为重点。培养的人才在实践能力上要比本科生强，理论基础的功底要比中专生扎实。总之，培养的人才既不是"本科压缩型"，也不是"简单操作型"，而是"高层次应用型"。

高职语文课程必须继续培养学生的语言文字能力，包括阅读、写作、口头表达等方面的能力；同时，要从学生的实际出发，因材施教，尽量安排学得进、用得上的内容，在会写、会说上下功夫，重点培养学生专业文体的写作能力、文学艺术欣赏能力，使学生成为有一定思想深度和讲演能力的人才。语文教师要在语文课的教学过程中，将人类优秀的文化成果通过知识的传授以及学生的自身实践，内化为人格、气质和修养，要让学生了解传统文化的思想精髓，培养高尚的人格情操，促进身心的协调发展。由于现阶段的高职院校又大都以理工类为主，语文课时不断被压缩，有限的课堂教学时间显然难以完成培养人文性的教学重任。因此，高职语文的人文性教学应采用课内课外相结合的原则。语文课堂教学必须对课本进行大胆的删减、整合，理论教学注意把握"必需、够用"为度的原则，强调教学内容"实际、实用、实践"，突出语文学科人文性的特点，要在增强学生语言文学知识的同时，教给学生终身受用的"做人"道理。语文课程的改革要围绕这个主题去进行，在学生专业课学习之余，多开设一些诸如演讲、辩论、口语与表达、文学名著欣赏、诗词欣赏、世界电影欣赏、中国文化等的选修课和讲座，并运用现代化教学手段进行；要把传授知识和培养人才相结合，以古今中外的文学艺术、美育思想来影响新一代的高职学生，使他们不但学有所长、学有所用，而且学有所思、学有所感，培养其美好的道德情操、审美和价值观念，培养他们的创新理念和独立自主能力。

新时代人才观对"人才"的要求是要具有过硬的专业知识和职业技能，具有适应社会主义现代化建设发展需要的人文素质、人文精神，具有健全人格的和谐发展的人。为实现这一人才培养目标,高职语文课程必须构建自己的体系而非照搬普通高校。为此,可从以下三个层次进行设置。

1. 学科类课程

学科类课程主要通过课堂教学使学生获得与之所学层次相适应的、有效实用的语言学基础知识和基本技能,引导学生树立正确的世界观和人生观,张扬个性和特长。学科类课程分为必修课(讲座课、欣赏课)和选修课(限定选修课和任意选修课)。必修课是指各类专业学生必须学习的课程,宜在高职一年级开设。必修课程为"大学语文""应用文文体写作"。选修课本身又分为限定选修课和任意选修课。限定选修课也就是必选课,是对必修课的拓宽和应用,开设"书法课""普通话训练"。任意选修是学生根据自己的爱好兴趣和专业专长自愿选修,包括"文学艺术欣赏""演讲与口才""美学""速写培训课""礼仪课"等。任意选修课,也就是任选课是为张扬学生个性、培养学生特长而开设的,要求学校提供教材和学习场所,学生自主学习,教师集中指导,高职一、二年级均宜开设。

2. 校内活动类课程

高职语文活动课和语文课外活动既联系又有区别,主要区别在于课外活动不进入课程表,弹性、伸缩性较大,而活动课程应按学校制定的课程表的要求有计划、有目的地进行。因此,高职语文活动类课程可以划分为口语训练课程、广告文案写作课程、论文撰写课程、综合实用文撰写与制作课程、文学欣赏课程、礼仪演讲课程、市场调查报告等。活动类课程主要培养学生听、说、读、写的实际能力,是为生产、建设、管理、服务第一线培养高等技术应用型专门人才必设的课程。检验一所高职院校办学质量如何,主要是看各专业活动类课程开设的质和量的要求是否达到教学目标的要求,而高职语文课程改革的重点、难点就在于此。为贯彻以就业为导向的指导方针,突出高职办学特色,各高职院校必须严格规范各专业活动类课程。对教材的编写、教法和教学手段的运用、教学时间、教学场地的安排都要做出明确的规定和严格的管理。

3. 社会实践类课程

实践包括校内实践和校外实践。按照教育部要求,社会实践类课程不必编写统一教材。为突出各高职院校办学特色,各高职院校可自编教材,但此类课程设置要求与前两类课程相匹配。开设社会实践类课程主要是通过社会实践来检验高职学生对于书本知识和各专业应掌握的基本技能的熟练程度,在实践中加深对理论知识的进一步理解和强化对基本技能的训练,达到学生身份与应用型高级专门人才的零距离要求。

四、高职语文课程的教学方法定位

根据高职大学语文课程自身的特点、课程定位和课程目标，语文教师在实现课程教育的方法上需要采取主体与主导结合、课内与课外相结合、传统教法与现代手段结合、教法与学法相结合等方法。

（一）主体与主导结合

主体与主导结合即在教学活动中，教师的主导作用与学生的主体作用相结合。教师的主导性和学生的主体性是一件事物的两个方面，教师指导学生是为了更好地发挥学生的主体性学习，学生接受教师的指导，一个去正确地"导"，一个在主动积极地"学"，因此两者应该说是统一的。没有正确"导"的积极的"学"，只能是"瞎学"；而没有积极"学"的"导"，即是正确也只能是白费工夫的"导"了。教师要"导"好，就必须尊重和支持学生在学习中的主体地位，要充分发挥学生的主动性，允许、鼓励学生发表个人见解，增加课堂讨论内容，以形成良好的师生互动。

（二）课内与课外相结合

高职语文的实践性和职业性要求教师教学不可以局限于课堂，因为课堂所学知识的运用能力和知识迁移能力很重要，所以有必要把课内与课外教学结合起来。第一，多用专题讲座的形式。高职语文教学时间较少，不可能像中学语文教学那样逐篇讲解，而采用专题讲座的形式以点带面进行教学是较为可取的，即把教学任务分成若干专题，紧密围绕一个中心观点或学生的切身实际，以文学艺术作品的文化背景为底衬，进行生动的讲解，同时开展相关专业的课外知识讲座。第二，鼓励学生积极参与社会实践。语文是工具性极强的基础学科，又是承载和传递信息的工具。既反映社会又服务于社会是语文学科的特有功能，若将学习语文与社会实践相隔离，是语文教学的死胡同。因此，必须从拘守单一的课堂教学中走出来，走向广阔的社会生活，通过开展形式多样的课外活动，引导学生努力参与和深入社会实践；把学习语文和校内社团活动相结合，和思想道德建设相结合，和社区志愿服务相结合；进行社会实践，组织多个活动单元，如关注社会、走进经济、亲近自然等活动单元，把开展活动与语文知识的运用融合一起，写环境调查报告、写散文游记、市场分析报告；充分利用图书馆、展览馆、革命纪念地、爱国教育基地等进行人文熏陶；开展校园文化建设，组织校园文化活动，提高学生的口语表达能力与书面表达能力，如演讲比赛、辩论赛，不仅在本校内，大学与大学之间、大学与社会上其他企事业单位之间都可以组织开展，引导、支持学生参加社会上组织的各项有益活动，增强其社会适应能力。

（三）传统教法与现代手段结合

在科技飞速发展的今天，高职大学语文教学如何利用现代化的教学设备，实现教学手段的创新是摆在教师面前的重要课题。在高职大学语文课中，可采用多媒体教学课件和影视资料二者互相配合的方式开展教学活动。首先，教师根据教学需要将教材内容和相关的背景资料制作成图文并茂的课件，在课堂上展示给学生。这不仅可以达到在最短的时间内让学生获得最大信息量的目的，同时又因其鲜明的形象性与生动性更能激发起学生的兴趣。其次，利用影视资料可以使学生欣赏到以前只能通过教师用语言描绘的图片或影视片段，加深学生对作品内容和主旨的认识。发挥影视的积极作用，可以开阔学生的知识面。

另外，网络资源的共享为大学语文教学提供了丰富的资源。网络信息资源丰富语文学习内容，充实着文本内涵。随着学校各种教学软件、硬件技术、教学理论及系统方法的发展与交叉，语文课堂已开始步入了媒体教学或网络教学中，这样的教学使得语文学习内容不再局限于课本，改变了语文学习内容的旧、窄、死的局面。语文教师利用网络上相关的学习资源拓宽语文学习渠道，使语文学习内容变得新、宽、活，还可以利用网络上相关的学习资源作为学习前的准备或课文内容的补充、拓展，将网络上的信息资源充实到语文教材中以丰富文本内涵。而且，网络化的教学模式不仅突破了传统语文教学模式的时空限制，又能够实现师生共同学习的互动，创设了新的教学环境和教学模式。教师可以远程教育，与其他高职院校教师共享教育资源。大学生的自主学习非常重要。网络图书馆、电子书刊等为大学生的学习提供了很广阔的平台，对于其学习能力的培养具有很大作用。

（四）教法与学法相结合

语文教学方法种类繁多，如果将它看作一个完整的系统，可以将众多的教学方法从三个方面加以归纳：以"教"为主的方法系统；以"学"为主的方法系统；"教""学"兼重的方法系统。这三个分系统体现着各自的特点，发挥各自不同的作用，是适应素质教育的切实可行的新方法。在高职语文教学中，首先应正确处理教学方法与学习方法的关系。在语文教学过程中，"教"与"学"是互为对象和前提的。现代语文教学严格区别于传统语文教学的最大特点是教法与学法的统一。教师无论是对教法的选择和运用，还是对学法的指导与实践，无不贯穿着这种统一，两者要相辅相成、相得益彰。叶圣陶先生曾说过："教"是为了不需要"教"。这里"教"是前提，"不教"是目的；要想达到"不需要教"，必须先"教"。"教"的过程既传授知识又教给方法，特别是方法的传授必须讲解。欲以"不教"之手段达到"不需要教"之目的，是绝对不可能的。教师要将自己的教学方法变成学生的学习方法,才能将二者统一起来。教法和学法的统一,是现代教学方法区别于传统方法的最大特点,无论是学法的指导实践,还是教法的选择和运用,抑或学法运用中的教法指导,以及教法指导下学法的运用,均须寓学法于教法之中、附教法于学法之表,两者无不贯穿着这种统一。教法和学法的统一,揭示了语文教学过程的特殊运动规律,不仅反映了教法有其自身的特色,还渗透着学法指导的因素。学生科学的思维方法、正确的学习方法的形成与教师的教学方法密不可分。教法和学法的统一,表明了现代语文教学观念的更新,反映了"教"与"学"的辩证关系,它将不断推动教学方法系统的完善与发展,促进学生素质的全面提高。教师"教"的方法,在于示范、启发、训练和辅导;学生"学"的方法,在于观察、仿效、运用和创造。语文教学方法的多样化,诸如讲授法、提问法、讨论法、演示法、实验法、研究法、观察法、练习法、复习法、独立作业法、电化教学法、欣赏教学法、愉快教学法、成功教学法等。学生的学法也相应有朗读法、提问法、讨论法、体会法、练习法、探究法等。教学方式方法、千变万化,种类繁多,但其本质都应是具有"启发性"的。坚持启发式原则的关键在于既要重视发挥教师的主导作用,又要防止片面强调教师的权威性;既要尊重学生的自觉性、主动性,又不放任自流。教师要特别注意在启发学生"内在动力"上发挥主导作用,通过启发、引导,培养学生学习的兴趣、求知的欲望、探索的精神。

总之,教师的教学方法和学生的学习方法要统一协调,要因材施教,灵活多样,以"教"导"学",以"学"促"教",方可达到教学目的。

五、高职语文课程的评价体系定位

评价是高职语文学习中不可或缺的环节。只有建立科学的评价标准,才能对学生高职语文学习成果做出正确判断,才能发挥评价标准对学生语文学习的积极导向作用,推进语文教学健康发展。

就高职学生语文能力而言,应以专业分类为范围,就"说""读"和"写"三种能力进行测试评价,进而提高其应用能力,即达到"会说、善读、能写"的目标,培养学生基本的语文应用能力。

(一)多元化原则

多元化原则有两方面的含义:一是采用多种考核形式,打破单一考试方法;二是全面评价学生的语文能力。

多元化原则的具体运用方法是将考核内容拆细,分解到听、说、读、写几个方面,让说与听的训练占重要比例,强化学生听、说训练意识:可采用笔试与口试相结合的办法考查学生四方面能力；笔试卷合理配置客观题、主观题和创新题之间的比例；注重过程考核；纯主观题，则可以用开卷的方式，让学生更自由地发挥；平时成绩可由参与教学活动的教师、同学、学生本人一起来评定，树立学生学习的主人翁意识，让学生在听取教师意见和自评、互评中取长补短，发现和改进自身不足。

（二）动态性原则

动态性原则就是"以生为本"，关注学生成长过程，使每一位高职学生都能得到最充分的发展。目前的高等职业技术教育，是以培养高素质的劳动者为己任的。我国正朝着实现社会现代化建设的方向迈进，急需大量高素质的劳动者。现代社会对公民的普遍要求是具有良好的人文素养和科学素养，具备创新的精神、合作意识和开放的视野，具体包括阅读理解与表达交流在内的多方面的基本能力，以及运用现代技术搜集和处理信息的能力，由此可见高职语文学习的重要性。但是作为高等教育中的大众教育（相对于精英教育而言）的高等职业教育，要求学生们在短期（一般语文课开设一学期）学习之后，语文水平都能达到整齐划一的较高程度，显然是不现实的。高职学生来自不同的地区和家庭，其原有的知识水平不尽相同，智力水平也有差异，但又都经过多年的学习，完成了义务教育，已达到一定的认知水平，具有一定的思维能力和操作能力，形成了个性品质，因此我们就更应该关注"人"，关注学生在学习过程中的独特感受、体验和理解。我们不仅要承认学生之间的差异，还应该尊重这种差异。高职语文教育有责任让每一位学生都能在原有的基础上前进一步，使他们达到或接近高素质人才的要求。

运用动态性原则，教师可以尝试建立学生语文学习情况档案，及时发现和鼓励学生每一点进步，并记录在案，作为日后评分时的参考；发挥各人所长，打通课内外界限，鼓励学生参加各种社团活动，如读书会、文学社、通讯社、校园剧表演社等，激发学生语文学习的兴趣和热情，培养其各种能力；注重过程考核，平时成绩所占比例应超过期末试卷比例（一般为 6 比 4）。教师在评价一名学生时，既要横向比较，也要纵向比较；既要使他达到一定的语文水准，更要鼓励他的进步。

（三）综合性原则

综合性原则是建立在对语文教育新的认识的基础之上的。目前公认的语文素养，其内涵十分丰富，它以语文知识为基础，语文能力（识字、写字、阅读、习作、口语交际）为核心，是语文能力和语文知识、语文积累、文化底蕴、审美情趣、思想品质、道德修养、学习方法、学习习惯的融合。素养也表现为较强的综合能力，在生活中运用语文的能力以及不断更新知识的能力。一个人素质水平的高低，很大程度上取决于他的语文素养。高职语文学习评价标准就应该体现全面提高学生语文素养这一目标,综合学生在学习中的各方面表现,既考查掌握知识和技能的情况,也重视他们在读、写、听、说这些能力训练中所表现出来的意志、品质、情感、性格等非智力因素,为学生营造一个好学向上的氛围,激发他们学习的热情,培养其积极的人生态度,为其今后的终身学习打下基础。

对学生做出综合评价,教师可以采取列表格的方式,将学生平时书面作业、定期作文周记、阅读笔记、课堂讨论演讲、课外社团活动、参赛获奖,以及其他未列出的意志、品质、情感、性格等非智力因素一起登记下来,根据具体情况确定加分分值,和前面提到的各项因素相加,共同构成总评成绩。非智力因素是评定学生语文成绩时不可忽略的一个组成部分。

总之,高职院校要运用多元化、动态性、综合性原则标准对高职语文课程学习进行评价,全面提升高职学生的语文素养,使高职语文达到它应有的效果,真正成为"求知、练能、启智、传情、审美"的重要学科。

第三节　高职语文教学的目标与内容

一、高职语文教学的目标

(一)语文教育注重提升学生人文素养

高职语文教学除了要满足学生基本语文知识的积累外,还肩负着培养学生语文学习的兴趣、提高学生的语文应用能力和人文素养的任务。职业院校的特殊性决定了专业技能的重要性,因为学校声誉的提高关键就在于专业技能的表现,所以提高人文素养的任务就更需要由语文教育来完成。学生在教师的引领下,通过解读文本,探究作者生平,纵观时代背景,对世界有一个全新的思考。高职语文教育更需要开启学生心智,帮助他们形成正确的人生观、价值观和世界观,成为学生的精神后花园。

(二)语文教育为专业技能的发展奠定基础

职业学校与普通高中最大的区别之一就是前者是以就业为导向的,所以高职语文必须重新调整方向,在整个课程体系中,必须与专业课联手,共同出击,打造综合实力过硬的高职毕业生。当今社会飞速发展,需要大量综合型人才,仅仅具备较强的专业技能显然已经不能满足社会的要求,而高素质的综合性劳动者才是受企业欢迎的员工。企业需要技术人才,也需要能团结协作、善于与人沟通的人才。如果说专业课让学生掌握专业技能的话,语文的听、说、读、写性能,也就是它的工具性,将帮助学生更好理解专业知识;语文的人文性将为学生更好适应和融入社会,用正确的态度看待社会打下基础。例如,旅游管理专业的学生在写导游词的时候就必须要用到语文写作方面的知识,而他们各自不同的文化底蕴,恰恰决定了他导游词的创作风格。早些年有部分学校提出"高职语文该为专业课服务"的理念,而最后经过实践发现,高职语文与专业课之间是相辅相成的关系。语文课不仅为专业技能的学习奠定基础,它在整个专业课的教学过程中起着潜移默化的作用,并且是一个长期作用的过程。

　　总之,高职语文教育是高职学生学习各门学科的基础,是奠定学生人文素养、塑造理想人格的重要基础。高职语文课程旨在弘扬民族优秀文化、吸收人类的进步文化、改造国民素质、重铸人文精神,帮助高职学生学会"何以做人",理解"为何而生",实现个人价值与社会价值的统一,为今后就业和继续学习打下坚实基础。随着以计算机技术、多媒体技术和网络技术为代表的信息技术的发展及其在高职语文教育阵地的实践,高职语文通过运用现代化的教育技术方法和信息技术手段,使得教学工作的有效性增强并为其教学目标性的提升奠定基础。

二、高职语文教学的内容

(一)引导学生阅读

1. 阅读文学作品

　　文学作品的阅读和鉴赏,是以审美的态度看待文学作品的,就是读者在阅读文学作品时,通过对文学形象的感受和体验所产生的一种精神上的愉悦和满足,是一种以感受性领悟为主,并伴以积极的思维活动。在高职语文教学中培养学生文学鉴赏能力,可以唤起高职学生热爱生活、热爱自然、热爱祖国河山的美好感情,对培养学生的情感体验,提高学生的欣赏品位和审美情趣都具有重要意义。

　　首先,阅读文学作品是高职学生储知蓄理、怡情养性的重要途径。文学作品是作家人生信仰、价值观和道德情操的直接显现。在作家叙述的跌宕开阖、曲折多变的情节里,显示他们对生活的积极态度以及对人间百态的思索。例如,学生在阅读岳飞的《满江红》或文天祥的《正气歌》时,就会对"壮怀激烈""浩然正气"的民族英雄生发无比的崇敬之情;读舒婷的《祖国啊,我亲爱的祖国》就会从心底奔涌出一股"强我中华"的豪迈之气。通过阅读、鉴赏各类文学作品,学生会对其中人物的思想行为、情景事件等产生思想感情上的共鸣,引发他们对作品中表现出来的真、善、美或假、丑、恶的判断,在潜移默化中使感情得到升华、性情得到陶冶,久而久之,就会培养出高尚的道德情操。

其次，阅读文学作品是发展学生创造思维的有效途径。优秀的文学作品本身就包含各种创新的知识和信息。文学作品描写的杰出人物身上具有的良好的创新素质，都是培养和提高学生创新能力的现成教材。经常阅读文学作品，一方面可以让包罗万象的各种知识激活潜藏在高职学生体内的创造力，使学生每个人都能发现、发挥和加强自己的创造潜力；另一方面，那些富有创新意识和精神的典型人物可以影响和感召高职学生，使他们无论在创新的欲望和热情，还是在创新的精神和能力方面，都会得到普遍的提高。

最后，阅读文学作品是帮助高职学生提升认知能力的有效途径。高职学生走向社会后，他们将面临纷繁、严峻的社会现实，面临各种人生的难题与挑战，面临人性的考验与磨炼，因此，他们必须具备对社会、人生的认知能力。广泛阅读、鉴赏各类文学作品会开拓高职学生的视野，对于增长他们的知识和才学，启迪和开发他们的智慧将大有裨益。

2. 阅读专业科技书籍

读书是提高学生素质的重要途径。作为高等职业院校的学生，要在大学学习阶段有充足的知识储备和能力的提高，仅局限于课本专业知识的学习是远远不够的，还需要涉猎专业科技书籍。在学习和阅读的过程中，专业书籍是较为难读的，因为里面充斥着大量的专业术语和枯燥难懂的内容。传统的快速阅读法在专业书籍面前毫无作用。作为教师，应该引导学生明确以下两点：其一，无论任何时候，学习任何知识，尤其是专业书籍，必须有非常明确的学习目标；其二，要想将专业书籍学好、学精，只看一两本书是不够的，必须尽可能将所有涉及的书籍都找回来，进行大量的阅读，然后，从众多的书籍里面，选出 2~3 本最经典的，作为核心阅读，其他书籍作为辅助阅读。

3. 阅读其他各类有益于身心健康的书籍

学生业余时间除阅读文学作品、专业书籍外，哲学、社会科学、自然科学，综合性图书都应有所涉猎。值得注意的是，阅读的书籍并不是越多越好，而是学生要选择出有利于个人身心健康发展的精品书籍。

（二）培养学生写作能力

1. 培养学生写作常用文体

常用文体包括学生在中学已经学过的记叙文、议论文、散文。

（1）记叙文

记叙文是写作教学和写作训练的主要内容之一。学生从开始学习写作起，就开始写记叙文，但是能将记叙文写好的学生却不多。许多学生甚至于写了几年记叙文还不明白如何来写记叙文，或者是害怕写记叙文。虽然教师对于写作教学也想了很多办法，但是学生的写作水平却没有多少提升，甚至一些学生害怕写作训练。因此，教师应教导学生在写作记叙文时,必须注意以下五大价值取向。

第一,精巧的故事。写人和叙事是记叙文写作的两大主体内容,也是衡量其文体特征的鲜明标志。而无论表现人物或凸显事,都需要"故事"来支撑。因此,"讲一个好故事",力求使文章内容做到既精细、简约、巧妙,读起来又有意思,成为记叙文写作的首要取向。

第二,精微的意蕴。这里的"意蕴"指记叙文所要表达的主题。高职学生由于认知所限,其文章所要表达的"意蕴"忌大而失当,只宜从其"力所能及"的世界观、人生观出发,小中见大地生发与阐释;另外,从性质上看,所立之"意蕴"必须充满"正能量",力求以积极向上的理念打动人,让读者读后受到感染。

第三,精美的意象。所谓"意象",是指用来寄托主观情思的客观物象。在记叙文行文过程中,如果作者能够寻觅理想的物件,相机穿插入文中,赋予该客观物件以主观情思,让它为写人、叙事服务,那么,记叙文会多一份唯美,增一点厚重。

第四,精细的缀饰。从表达方式角度看,记叙文无疑应以"记叙"为主,如此方能突出其文体表征。但是,如果一味地叙述,会使文章变得平淡乏味。因此,文章需要在叙述中,适度穿插一些细腻的描写。这些"精细的缀饰",会使文章"锦上添花",营造出夺人眼球的"亮点"。

第五,精要的点示。"点示"指记叙文主体叙述"工程"完成后,在一定位置(多为结尾处)插入必要的议论、抒情文字,把自己本次写作的目的巧妙揭示出来,"抖"给读者,让他们迅速领会文章的主旨。这样的"点示"类似于"画龙点睛"典故中的"点睛",对记叙文来讲不可或缺。

(2)议论文

议论是人们常用的一种表达方式,它与记叙、描写、说明一样,都是用来反映对客观事物的认识的,但与记叙、描写、说明有着质的区别。议论是指人们平常说话或写文章时,用以表达自己对某一问题所持的观点,或对某一思想理论所持的看法,或判定某一事理的正误,评价其优劣、鉴别是非所持的态度,倾诉于语言或文字的表达方式。

一般的议论文议论些什么问题,实际上是指议论文的范畴。议论文议论的问题无所不包,但如果把这些问题做一番抽象上的分类,则可分为是什么、为什么、怎么样、会怎样四大范畴,也有人把它称为类、因、法、果四大项。类项,主要是回答类别和性质方面的问题;因项,主要是回答原因和目的方面的问题;法项,主要是回答方法和途径方面的问题;果项,主要是回答结果和效能方面的问题。事实上,除了部分议论文能较全面地回答上述问题,多数议论文,尤其是短论、杂感、漫谈等类型的议论文,只能回答,或者只能主要回答其中的一两个问题。

（3）说明文

说明文是一种以说明为主要表达方式的文章体裁。对客观事物做出说明或对抽象事理的阐释，使人们对事物的形态、构造、性质、种类、成因、功能、关系或对事理的概念、特点、来源、演变、异同等能有科学的认识。以说明为主是说明文与其他文体从表达方式上区别的最主要标志。

2. 培养学生写作应用文

应用文是人们在生活、学习、工作中为处理实际事物而写作，有着实用性特点，并形成惯用格式的文章。

应用文写作是高职学生需要具备的基本技能。开设应用文写作课程是提高学生应用文写作能力的一条重要途径。高职院校应用文写作课程的教学目标，就是要培养学生应用文写作的综合能力，能对各种实用应用文体熟练掌握并付诸写作实践。在当代社会，应用文写作的重要性愈加突出，应用文已成为各级机关、企业、团体开展各项公务，实施有效管理的重要工具。

3. 培养学生撰写科技论文

科技论文是对科研工作中产生的新方法、新思路、新认识的总结和介绍。科研工作不会是漫无目的地误打误撞，而是根据具体的科研项目、课题任务，在某些领域进行深入、系统的研究。课题越大，涉及的领域越多，环节也越多，因而产生新认识、新方法和新思路的机会也就越多。这种机会便是科技论文诞生的土壤，机会越多，论文篇目也就越多。所以，谈到科技论文，肯定离不开科研课题或研究项目，而论文的背景往往也就是指课题的背景。

4. 培养学生文学创作

文学是一种用口语或文字作为媒介，表达客观世界和主观认识的方式和手段。当文字不再单单用来记录（史书、新闻报道、科学论文等），而被赋予其他思想和情感，并具有艺术之美，便可称为语言艺术。诗歌、散文、小说、剧本、寓言、童话等不同体裁是文学的重要表现形式。文学以不同的形式即体裁，表现内心情感，再现一定时期和一定地域的社会生活。文学是属于人文学科的学科分类之一，与哲学、宗教、法律、政治并驾于社会建筑上层。

文学创作是一种特殊的复杂的精神生产，是作家对生命的审美体验，通过艺术加工创作出可供读者欣赏的文学作品的创造性活动。作家王蒙在谈到文学创作的基本经验时，说："作家的能力首先是感受生活和表现生活的能力。"这句话表明文学创作需要较强的感受能力。在高职院校的学生中，有部分文学爱好者，为此，教师要善于发现，重点培养。

　　文学创作需要一个适当的环境。以往看到的文学作品多数跟作者所处的时代背景紧密联系在一起。文学创作与发展离不开"三要素（种族、环境、时代）"，而对于走在中国特色社会主义道路上的高职学生来说，文学创作的火焰往往是在大学校园中点燃的。大学校园给学生的文学创作提供了肥沃的土壤和优秀的文化资源。我国高职院校的分布范围广泛，有的地处经济发达的地区，有的则处于经济欠发达的地区；有的地处少数民族聚居地，有的地处以汉族为主的地区。但是它们都有着丰富的人文资源和悠久的历史文化，而且我国少数民族都有自己的文化传统、风俗和习惯，各个民族间的文化各有特点。这种文化上的差异在民族风格浓郁的大学校园里，一定会孕育出不同韵味的文学作品。

（三）培养学生口语能力

　　口语能力是一个立体状的能力结构，可以分为生活性口语能力、职业性口语能力和表演性口语能力。口语能力由八个方面的要素构成：语音能力（能使用标准国语）、表达技巧、叙述能力、论述能力、概括能力、听话能力（能察言观色，领会对方说话的真意）、即兴发言能力、调控气氛能力。以上八种要素概括起来就是运用语言的能力和支持语言运用的能力，而运用语言的能力是核心。

　　高职院校学生的口语表达能力的培养内容很多，范围很广，主要包括演讲能力、辩论能力、自我推销能力、口语交际能力等。

　　1. 演讲能力的培养

　　所谓演讲，是指在公众面前，通过有声语言和肢体、表情等辅助语言综合运用，对某些问题表达自己的看法，说明事理或传达情感。演讲通常分为读稿演讲、背诵演讲、提纲式演讲和即兴演讲。不同的演讲方式具有不同的难度。

　　（1）演讲需要具备的基本要素

　　首先，自然的表情。在演讲过程中，演讲者的表情是内心情感变化的直接表现。面对听众关注的目光，能够做到表情自然、面露微笑，不仅能够让听众感觉演讲者诚恳的态度，还能够让听众感受到演讲者的自信，有助于演讲者展示自身魅力、赢得听众信服，进而提高演讲效果。

　　其次，平静的心态。心态的变化往往会引起语速和语音的变化，甚至会给语言表达逻辑带来影响。学生在演讲前应调整心态，因为保持心态的平和是演讲成功的前提。尤其在即兴演讲中，只有做到心态平和才能让思维更加开阔、反应更加敏捷，才能够和听众实现互动和情感交流，对听众反馈的信息及时做出调整。

　　再次，精准的语言。演讲是语言运用的技巧。语言表达的精准不仅包括有声语言，也体现在肢体语言、演讲者表情等辅助语言上。能将这些语言元素在公众面前做到运用自如，需要演讲者在日常的学习和训练中进行语言和词汇的大量积累，需要对情感准确把握。对于学生来讲，要做到语言的精准，只有通过大量演讲练习，才能取得较好的效果。

最后，敏捷的思维。学生在演讲能力训练中，需要对思维能力进行锻炼，要具有灵活机敏的现场应变能力，能够善于抓住现场每个变化，迅速做出判断和准确应对。这种素质不仅是学生日常知识的积累，也是学生良好心理素质的体现。只有具备敏捷的思维能力，才能够确保即兴演讲的层次感和逻辑性。

（2）话题演讲能力的培养

话题演讲是学生课外活动、竞赛的重头戏。作为检查语文素养和能力的一大手段，话题演讲已成为语文教师课内、课外辅导的重要任务。

首先，要有鲜明独到的主题。大多数学生拿到话题后，没有考虑在这个话题下"我最想说的是什么""我的这个观点是否独特""是否有足够的吸引力和足够的论据支持"等，而是凭直观印象和大众的心理定式说话，这难免浮于表面，流为泛泛之谈。

其次，要有针对性和现实感。话题演讲本身决定了其相关素材的丰富性。一般的演讲话题都可找到很多的事实和理论依据，所以不少学生也总爱用大家的事例或名言警句，但比起一味地引经据典，听众往往更容易被平凡真实的"这一个"所打动。如"诚信"的话题演讲，有不少学生做了充分准备，从商鞅的"立木为信"说到周幽王"烽火戏诸侯"，"从言必信、行必果"说到"车无辕不行、人无信不立"，林林总总，而现今社会诚信问题、自己切身的感受却匆匆带过，或者是语焉不详。这样的演讲稿看似纵横四方、驰骋古今、目光远大，但事实上却因为缺少针对性、现实感，容易让人感到疲乏、厌倦。所以，作为话题演讲，如果只局限于"古今中外"的"粘贴"，那是吃力不讨好的。毕竟，人们听演讲更多的是想从中汲取正确的、积极向上的理念，激发生活的热情，更好地把握"现在"，而不只是回顾过去。所以在考虑选择材料时，听众的切身利益、心态、现实生活实际需要等始终要放到首位；同时，不仅在观点的论述上，而且在行文中的有些交代上，也要多关注与现实生活实际的关联，以形成自然贴切的切入点。

再次，要有"节奏"和"亮点"。演讲的吸引力莫过于演讲者思想火花的闪现，如果缺少足够鲜明、富有个性的思想，而是套话、空话连篇，人云亦云，那么再迷人的嗓音、再靓丽的外表和折服人的风度也无济于事。思想的火花除了立意外，还要依靠表达时的层次展现，语言力量的调度搭配，即所谓"节奏"感。人的听觉是容易疲劳的。故事有情节的吸引，而演讲不是讲故事，靠的是内在思想的逻辑力量，不断推进认知、领悟，要扣住听众的心弦往往要求在七八句话内必须有个"吸引点""亮点"，否则，听众很容易"神思外逸"。

这些"亮点",也就是在具体行文时需要把握的一些技巧,如来个设问,添个悬念,做个形象比喻或鲜明对比,或掷地有声,果断立论,或是对常理的推陈出新,抑或一个小故事的穿插,声情并茂吟诵几句自拟诗句,等等,总之,是为了让听众自始至终地投入于演讲,聚精会神、不旁骛。

最后,要有语言的"诗味"和"情味"。很多学生明白演讲要"晓之以理""动之以情",但在演讲时却往往把它等同于一般议论文了。演讲是让人听的,文章是让人看的,而"听"和"看"是不同的,看可以有看者的体会、琢磨,甚至可以返回重观,但口头表达的演讲就不行了,它是转瞬即逝的。因此,作为演讲,理要直接、鲜明,证明要有力,往往无须太多的逻辑推理过程,因为听众更多的是打动于你在直观明了的"理"之余的情的渗透,例证的生动有力。因此,语言表达的形式上就要有浓厚的"诗""情"的渲染,比如讲究对偶、排比、比喻、反复、呼告等的手法的运用,以求鼓动、感染听众。

2. 辩论能力的培养

"社会发达,必兴论辩。"辩论最重要的价值是倡导建立在尊重基础上的申辩思维,是锻炼、培养学生申辩思维的最佳方法。

辩论是以言语表达为形式,以公开、对抗的姿态进行说理和自我表现的团队竞争。辩论之最终目的是追求达成共识,而各执立场、激烈交锋仅是过程或手段。所以,提倡的辩论风格应该是表面上激烈对抗,而实质上却极有成效地成全对方。也就是说,辩论是手段,共识是目的。辩论,不是问题的终结,而是问题的深入或拓展。人们要通过辩论走向或生成真正的"有生命力的共识"。

3. 自我推销能力的培养

在新型的人际关系和现代激烈的市场中,善于推销自己是一门必不可少的学问。

在竞争激烈的今天,"自我推销"已成为高职学生的热门话题。每位高职学生都希望在毕业时通过"自我推销",找到一份能够充分发挥自己专业特长的职业。因此,高职语文教学中,培养学生的口语能力在一定程度上还能促进对学生自我推销能力的培养。

4. 口语交际能力的培养

口语交际能力是指一个人通过听、说进行交际的能力,它是一种外在的能力,是语言能力的外化。具体来说,口语交际能力的培养在语文教学中的重要意义表现如下。

(1)能够帮助学生适应现代社会发展的需要

科技快速发展的现代社会,大大缩短了人和人之间的距离,即使是远隔重洋的人们也不必再被距离所困扰,一个电话,便可清晰地道来平安与问候。现代社会是以高社交化、高效益化、高信息化为特征的,这就对人们的口语交际能力提出了更高的要求,要求人们具有准确、敏捷、生动、有效的口语交际能力。语文教学就必须为学生未来的生存能力考虑,应通过大量、系统的训练培养学生的口语交际能力。

（2）能够促进学生智力的发展

听、说是一个复杂的心智活动过程,它要综合运用人的智力的多种因素,比如,注意力、记忆力、思维力、观察力、想象力等。就注意力来说,听人说话必须注意力集中,才能领会;自己讲话时,注意力也要集中,这样才能讲得不散不乱。参加讨论,要注意倾听每个人的发言,随时归纳整理各种不同的观点,思考自己发言的要点。这样,注意力就得到了锻炼,同样,智力的其他因素也会得到锻炼,从而促进智力的发展。

（3）能够促进读、写能力的提高

听、说、读、写是互相渗透,紧密联系的。听、读同属于接收信息的过程,而说、写同属于发出信息的过程。听、说、读、写能力是相辅相成,紧密联系的。从日常教学当中就可以看出来:学习课文是在朗读、复述、问答等活动中进行的,阅读能力就是在这种听、说之中提高的。而作文更是源于说话,一篇好的讲话稿略加修改,便是一篇好的文章。教师如果在教学中加强听、说的训练,培养学生倾听和表达的能力,相应地就会促进学生读、写能力的提高。

（4）有助于提高人际交往的能力

口语交际活动既是一种学习行为,也是一种交际行为。学会听话、说话,除了增长知识之外,还可以提高交际能力。在与人交往的过程中,如果能耐心、专注地倾听,自信、负责、有礼地表达,就会给人以良好的印象,形成一个良好的交际环境。因此,培养学生的口语交际能力,更有助于学生交际能力的提高,建立良好的交际环境。

5. 学生应变能力的培养

口头语言的信息传递,最大的特点是瞬时性。语言稍纵即逝。与读、写相比,信息的接收、编码、储存、分析、转换、输出的速度要求更快、更高。在交际过程中,根据不同的对象及问题要做出不同的回应,口语交际能力越高,其做出恰当回应的速度就越快。因此,在培养口语交际能力的同时,应变能力也会得到相应的发展。

第二章　高职语文教学改革研究

第一节　高职语文教学的改革取向分析

一、高职语文教学改革的必要性

（一）国际经济及科技发展的形势推动着职业教育的改革

科技的发展必然导致教育的发展。教育改革是适应时代发展的必然结果。为了适应经济发展的需要,必须加大力度进行教育改革。并且当今社会知识更新的速度在不断加快,导致职业的变化更新越来越快,衍生了许多新的职位。知识的不断更新也意味着教育再也不能进行传统的"一次性教育",而"终身教育"的概念也应运而生。这就意味着课程教学的新任务就是将要为学生的终身教育打下基础。而且现代社会科技迅猛发展,把人们带入了信息时代,知识的更新速度不断地加快,把以往以"知识"为本位的教育变为了学生的全面素质与能力发展的培养。为了适应知识经济的需要,必须加大力度进行教育改革。

在现代国际领域中,一个国家是否强大,主要取决于一个国家国民整体素质的高低、受教育的程度,拥有人才的数量。也就是说谁掌握了教育,谁就掌握了发展的主动权。所以,我国经济要腾飞、社会要发展,就必须对职业教育进行改革,以便于创新人才的培养,为企业提供高素质的第一线生产者。同时,高等职业学校的职能是培养适应时代要求的技能型人才,这就要求学校的教育必然要紧跟时代的步伐,进行相应的课程改革。语文作为高职学校的基础课程,也是作为培育学生综合素质的基石,那么语文课程必然要适应时代的要求进行相应的改革。

网络的发展,把人们带进了信息时代,从而进入了一个新的教育时代。信息化的社会要求劳动日趋理智化,也就是说劳动者再也不是直接参与劳动的对象,而是处理有关生产过程中不断变化着的信息。这就必然导致学生的知识结构、解决问题的能力、学习的方式方法,以及教育的体制都要有相应的变革。另外,计算机的迭代更新,使得人们储存知识的形式和数量都发生重大的变化。原来由人脑储存的信息,现在绝大部分都可以由计算机储存,而且它储存的数量和速度都大大超过人脑,所以传统的以"记忆性的知识"为本位的教育再也不适应时代的需要。这也将学校传授知识的职能逐渐削弱,学习组织、学习指导、学习能力的开发将成为未来学校的主要职能。学校的职能改变,那么课程再也不能固守不变,改革是势在必行的。

高科技在高职语文教学领域的渗透,为教学方式的多样化提供了可能。高科技在教学中越来越广泛地被教育者使用,这将改变传统的口耳相传的教学模式。例如,现在越来越多的专家开发出针对性特别强的教学软件和系统,不但方便了教师的教学的开展,同时也为学生提供了更丰富、更真实的教学内容。高科技在教学领域的渗透,也改变着教育的组织形式。在传统的语文教学中,大多数都是采用大班级授课的模式。这种模式的最大弊端是无法照顾到学生的个性、学习能力、学识基础的差异,不利于对学生进行因材施教。随着科技的发展,特别是计算机的普及以及网络的迅速发展,学生不必"统一步调"学习相同的内容,可以按照自身和专业的需要安排适合自己的教学计划,也可以利用网络的知识对教学内容进行补充和完善;同时也可以利用远程教学,教师和学生不必拘束于地域和时间的限制,进行一对一的个性教学。

(二)素质教育的实施呼唤着高职课程改革

高职教育的改革要求对学生进行创新教育和素质教育,以适应时代的发展。创新教育和素质教育的提出都要求教师确立新的教育观、知识观、学生观,从僵硬死板的"死读书"转变到人的创新素质培养上来,鼓励学生自主学习,尊重学生个性发展,激发学生的创造力,培养学生的实践能力。基于此,高职语文必须改变传统的教学观念,应该根据实际社会需要和就业需要,进行重新定位与改革。

(三)企业对人才需求的多样化促使高职教育改革

进入21世纪,企业对人才的需求量不断在增加,而且需要更多能在生产第一线工作的高素质的劳动者。企业的转型必然会对人才的数量、类型、层次的要求发生变化,并且需求的人才类型向多样化方向发展。这是因为经济发展方式的转变、企业的转型将催生更多、更新的职业岗位,而不同的职业岗位要求其从业者具备不同的职业能力。高等职业教育是以培养学生的职业能力为主要目标的。要满足企业对人才类型多样化的需求,必须要大力发展高等职业教育,对现有的高等职业教育进行必要的改革。既然人才需求的层次不断提升,那么从业者就需要不断提高自身的综合素质以适应社会的发展变化,而高等职业教育刚好能为他们提供继续接受高等教育、提高自身综合素质的机会。

（四）高职语文课程改革体现了其自身发展的要求

语文作为高职学校的基础学科，在推进素质教育、提高学生综合素养中起着重要的作用。在国家推行素质教育的大背景下，作为基础技术人员的输出地，高职院校应如何实现因校制宜、"以生为本"，已成为自身发展的要务之一。

高职语文学科的改革除了受素质教育大背景的影响，也是由自身存在的弊端所决定的。所以，高职语文学科需要重新定位与改革，根据学生的实际情况与社会企业的需求，探寻高职语文的教学特色。

二、高职语文教学改革的取向策略

高职院校的大学语文课程应该建构成为一个开放的、对学生个体学习需求负责的课程，它旨在培养学生相应职业岗位所需的特殊语言能力。大学语文课程不应割裂学生的学习和生活以及将来工作之间的关系，而是设法激发学生对生活的广泛关注，习得并掌控工作所需的语言能力。高职院校大学语文课程也应综合多方面需要，从而实现自身特有价值。

（一）革新母语教育思想，明确大学语文课程目标

高职院校的大学语文课是高职学生进入大学后的第一门强化母语的人文素质教育课。大学语文就是高职教育的第一课，它应当是大学高级母语教育和人文素质教育的起点。母语能力的发展有两个要素：一是语言环境，二是语言实践。高职的母语环境应该是优美、典范语境。高职大学语文是通过文本学习和表达实践最终提升高职学生的文学品位和人文素养的。高职大学语文课程把这个过程阐释为对"好文章"的赏析和解悟，通过对母语的表达之丰富、精妙、高雅的揭示，用母语文学的魅力征服同样讲汉语的学生，甚至感染非汉语母语学生。母语教育不仅使受教育者获得语言技能，更重要的是使受教育者认同母语文化。高职院校的大学语文课程本身就应是一种文化传承的活动。

要想实现语文课程的文化传承功能，高职院校的语文教师就要积极行动起来，深刻领会高职院校人才培养的方案和目标，革新母语教育思想，在教学实践中努力探索高职语文教学改革的新思路、新方法。只有语文教师首先转变思想，革新理念，给学生新知识，才能畅谈大学语文的未来。教师需要正视语文知识是什么的问题，也要重新认识语文教育活动是什么的问题。高职语文教育完成的是正规知识和习俗知识，是这两种知识的生产、传播、传承的活动。高职院校的大学语文课程必须促进学生发现、关注和体验自己的平凡生活。语文教师需要指导学生重塑常识、习俗文化、职业文化的精神。

（二）探索课程交叉领域的开发机制

随着科学技术的迅猛发展，新的职业不断出现，旧的职业不断消失，职业岗位的内涵也在不断变化，高职教育又出现专业宽度持续拓展的趋势。然而在狭窄的职业领域中进行熟练训练的职业教育模式都已不能适应高职发展的需要。高职院校的大学语文课程在这场教育转型中应该响应职业技术教育改革的号召，走向交叉课程研究。

现在高职院校的大学语文课程要完成的就是在宽广的学术视野中，关注于语文课程的整体性探讨，追求语文课程与技能课程交叉领域研究的系统性和理论性。这种理论更多关于语文课程本质所对应的事物之间的逻辑关系，关注于事物的运动结构、类别层次及其品性。大学语文交叉课程的研究机制包括以下三方面。

1. 多元机制

多元机制，或者称为综合机制。由交叉渗透的方式，可以有两条途径能够产生交叉学科。一条途径是两门或两门以上的学科独立发展到一定程度时，在某些问题上汇集在一起，共同开辟新的道路。这些问题便成了交叉学科的发祥地，如在生物学和无机化学之间形成的生物无机化学等。另一条途径是应用一门学科的理论和方法去研究另一门学科的对象，从而导致新的交叉学科的产生，如应用物理学的理论和方法去研究天体的运动，就形成了天文物理学等①。两条路径都表明交叉课程赖以生成的基础是多元性、异质性。大学语文课程以文学性独步众多文化基础课程，如果用文学研究的视野和方法来观照技术革命的历史，本身就是富有趣味的事情。无论是汽车文学、护理文学还是园艺文学，都可以成为课程交叉领域研究的突破点。

2. 互补机制

交叉课程产生的背景：有些学科在各自题材之间形成了补充性的部分重合，如语言与行为，是对人和文化进行研究，就如何了解、改变、发展人和文化，以及人和文化如何相互关联等方面提出了一系列问题，涉及对语法、词汇和各种文化背景中社会结构的形式主义描写。进行形式主义描写的目的是试图在语言学、人类学、社会学以及心理学的理论一体化水平之间建立某种结构上的一致性，因而产生了交叉课程。逻辑思维、分析思维是技能教育课程的主导型思维，而在语文课程学习中，形象思维、直觉思维占主导地位。在学生的技能发展到一定阶段的时候，引入形象思维与直觉思维，会取得意想不到的效果，同理，在语文课程学习中，引入逻辑思维、分析思维，也会使语文课程学习如虎添翼。

---

① 杨永福，朱杜龙，海峰."交叉科学"与"科学交叉"特征探析 [J].科学学研究，1997（12）：5-10.

3. 话语机制

学科交叉既然不是胡乱地拼凑或机械地相加，而是有机地生成，那么应使这两门或两门以上学科的话语系统合二为一，也就是说，它们之间首先应该建立共同的话语来进行内部沟通和交流的工作，而不应有学术话语的障碍。绝不能以一种霸主的态度来对待交叉课程，也就是说不要抱着用物理学"解决"天文学问题的态度，或者反过来用天文学来"解决"物理学问题的态度。另外，有效的交流也要求这个队伍的每一位成员学习、理解和使用其他人的概念和术语。只有当参加者把自己既当作学习者又当作教师的时候，合作才能成功。交叉课程的重要目标就是使相关研究队伍的每位成员在这个交叉领域的几个或全部学科方面逐渐达到至少初级水平的（当然是全面的）工作能力。

话语机制对高职教师提出了更高的要求。语文教师要了解学校主要的专业课程的内容，还要有相关专业能力。如果交叉领域的研究能持续进行而且繁荣发展的话，那么一个交叉课程繁荣的新时代迟早会到来。

简而言之，由于社会革新、职业训练和学生的需要，作为交叉课程的大学语文立足于语文课程和技能课程交叉的亟待开发地带，应形成自己独有的术语概念、理论原理、方法原则、范畴规范等基本要素，开拓新的研究领域。

（三）强化互动开放的教学方法

当学生参与语文课堂层面的课程决策时，教师应成为学习活动的组织者。教学方法的革新应成为高职院校大学语文课程改革的显著标志，这不再是一个教师在课堂中所完成的封闭式活动，而应同时作为大学语文课程的学习方法来研究。

高职学生主动投入学习的积极性是语文课程获得改革成功的必要条件。课程互动开发和学习，一方面要保护和激发学生的积极性，另一方面，在学生未能掌握语文学科的主体内容时不能盲目让学生跨越学科边界。必须先精通几门学科，才能将各学科的思考方式运用自如，进而融会贯通。根据学生的需要、能力和兴趣，学习资源的供应，学习时间的多少，教师在组织课堂互动学习中需要灵活处理。教学方法应该包括专题研习、小组讨论、脑力激荡、辩论、角色扮演、问卷调查、实地考察等。其中专题研习是让学生以个人或组别形式对议题做深入、详细的研究，搜集大量的资料，分析，提出结论，并以不同方式做出汇报，最适宜有充分时间的学习；小组讨论时，学生分组进行对议题的讨论，特点是鼓励学生发表个人见解，集思广益，听取别人意见，达成共识；脑力激荡是以小组形式进行，让学生尽量自由发表对议题的不同意见，其他组员可就这些意见发表不同看法，循环进行，起到开阔视野的作用，适合有争议、多层面的问题研究；辩论是选择非常有争议的问题，学生可分为对立的双方各自提出论点进行辩论，特别有助于学生批判性思考能力的培养；角色扮演是学生模拟议题所涉及有关人物或所关心的事物，各自表达自己所代表各方的意见，特点是鼓励学生感同身受、深切投入、广泛体验；问卷调查是学生设计一系列问题，为解决问题而询问有关人士的意见，根据回收的问卷进行分析，最后提出个人结论，适用于讨论与专业有关的社会问题；实地考察是让学生带着一系列问题到实地观察、询问、统计、模拟现象和问题，进行资料分析后，加深对议题的理解。

要想实现高职语文教学方法开放互动式的改革，具体可以从以下三个方面入手。

1. 立足课堂，创设最佳教学情境，提高学生学习兴趣

课堂是语文教学的主要阵地。课堂上呆板、枯燥的授课方式，会使学生产生厌烦的心理。教师应根据高职学生自身的特点，结合教材内容，运用各种教学手法，创造良好的课堂氛围，激发学生的求知欲望，让学生通过自己的努力去获取新知，从而养成爱学习的良好习惯。例如，在学习诗歌、散文时，教师可以先让学生分组进行朗读，让学生对诗文有一个初步、直观认识，当学生进入状态时，再加以适当的讲解和启发；在戏剧教学中，让学生分角色扮演戏剧中的主要人物，在讲台上把戏剧情节再现，通过戏剧表演，帮助学生把握剧中人物的性格特点和作品的主题；在学习议论文时，先让学生对有关论题展开辩论，借以可以培养学生的语言组织能力，然后教师再进行适当的引导。教师利用多媒体课件，可使教学变得更加直观、生动、形象，可以用图片、音乐更好地吸引学生的注意力，让他们积极参与到课堂活动中来，取得良好的教学效果。实践证明，在教学中，巧妙地创设情境，营造轻松、愉快的课堂氛围，能够很好地激发学生的学习兴趣。学生一旦拥有强烈的求知欲，在学习过程中就会努力钻研，以坚忍的毅力完成学习任务。学生只有产生对语文学习的兴趣，才会进一步产生探求新知、沟通交流的欲望。

2. 开展丰富的语文教学实践活动，进一步调动学生的学习热情

语文是一门应用性很强的学科。语文教育不单单是知识的传授，更重要的是培养学生运用语言文字的能力。大学语文教学要为学生运用语言创造良好的条件：第一，在教学过程中，教师应尽可能为学生提供听、说、读、写的机会；第二，要加强教学与社会生活的联系，在某种程度上说，这种联系越密切，学生的学习积极性就会越高；第三，授课的地点也不能单单局限于教室，可以进行田野式的教学。为了激发学生的学习热情、拓宽学生的知识面，语文教学必须由单向的课堂教学延伸到丰富多彩的课外活动中去。高职院校学生的课余时间比较充足，正好可以开展各种各样的课外教学活动，例如，举办即兴演讲比赛、书法比赛、手抄报比赛、诗歌朗诵比赛、话剧表演、国学知识竞赛、青年歌手比赛等活动。活动中既能展示学生的才华，也能加强实践能力的培养，让他们把所学知识进行充分运用。另外，为拓宽学生的视野，丰富学生的知识，还可组织学生去风景名胜地

区参观考察,以弥补课堂教学的不足。高职院校通过开展丰富多彩、灵活多样的课外活动,不仅能陶冶学生的情操、拓宽学生视野、锻炼学生的能力,也能充分体现语文的实用价值,为更好地激发学生的学习兴趣、求知的欲望奠定初步的基础。再如,开展影片欣赏活动。影视片是一种表现社会生活的艺术,它渗透着作者对生活的认识和评价,具有丰富的内涵。作为大众文化的影视艺术,它以其直观性和反映生活的真实性吸引广大青年学生。尤其是一些名著改编的影视作品,既能促进学生对原著的理解,也能激励学生去阅读更多的名著。

3. 充分运用现代化多媒体教学手段

现代化的多媒体教学手段强调实施交互式体验的教学,要求教学双方的互动参与性。教师可以借助现代化多媒体手段,增强教学效果。上课过程中可以通过播放视频、美图欣赏等先进的现代化教学手段,加深学生对所学知识的认识和印象,而且能够在直观教学中帮助学生树立审美意识,培养他们的审美趣味,完成乐学语文的教学。因此,高职院校的语文教师可以借助语言手段、情境再现手段、人物对话手段、音像手段等来突显教学方法的多样性。

(四)追求公平、有效的多元评价

我们需要依据教师的专业实践通过以合作团队的方式对评价实践进行反思和研究,来促进评价素养的专业发展。因此,高职院校教师须在课堂层面持续实施有清晰目标的、学生主动参与的、依赖于教师高度的评价素养的多元评价。大学语文课程教师要特别注重自己的评价者身份,提升对学生学业评价的有效性,应把评价当作教学过程中的一个组成成分,与教学、学习一起构成教学的整体。

近年来,由单一教师进行的学业评价已逐渐不适应现代高职教育的改革发展。此时,学生评价的作用应得到充分发挥。教师和学生做出良好的评价决策所需要的信息必须是具有情境性的,即与特定的课堂、特定的学生、特定的学习目标、特定的学习内容以及特定的学习环境相联系。因此,大学语文课程教师应坚持如下评价策略。

1. 坚持评价标准的多维化

从多元化的视角来看,评价是要鼓励人的多元发展,因此评价的标准需要全面地考虑评价内容,从多个维度去评价学生在学习过程中所取得的成果。单一的评价标准会让学生过分注重局部,不能促进学生的全面发展。

2. 坚持评价主体的多元化

坚持评价主体的多元化,尤其强调学生参与到评价中。首先,学生应当参与学习目标的设定,学会将教师清晰呈现的教学目标转化成学习目标。其次,学生应当主动参与信息或证据的收集。另外，学生应当参与评价结果的交流，旨在获得关于评价结果的更深入的理解，成为基于评价信息的决策者。评价主体的多元化具有重要意义，它可以改变评价者与评价对象之间的关系，增进彼此间的感情；扩展评价者的角色，使评价者成为评价的协调者、指导者和促进者；提高评价结果的质量，体现评价过程的公平和民主。

3. 坚持评价方法的多样性

这里主要是指将量化评价和质性评价相结合。量化评价逻辑性强，标准化和精确化程度较高，力求达到客观。但是量化评价只评价那些好测量的指标，容易忽略不好测量的因素，对过程性的测量不足。质量评价注重整体性，通过学生的学习过程和表现去判断学生的学习质量，更加符合人的多元智能的实际。

4. 坚持评价功能的多元化

传统的学生评价更多地注重鉴定—选拔功能，但这种形式相对单一。高职语文课堂的评价功能应包含鉴定—选拔功能、导向—激励功能、诊断—改进功能、反馈—调节功能等，通过多元化的评价功能促进学生的发展，让学生在适度的竞争中，不断实现自我和超越自我。

（五）建立课程合作研究平台，培养专门的语文师资队伍

这个时代的高职院校应该有自己的母语课程理念和教学模式，这就需要高职院校培养一支专门的师资队伍，进行课程研究和实践。

1. 要改变教师的角色定位

以往多数课程在运作中，教师被定位于"课程实施者"的角色，只有执行既定课程的权利，而无参与决策课程的权利。高职院校的大学语文课程改革必须改变支配学校的权力关系，促进多元声音的表达，营造共享责任的课程研究氛围，让教师参与大学语文课程决策，正确、正当和真诚地表达自己的观点并对他人的观点恰当地加以质疑。

2. 指导教师做出合理的决策

我国高职院校的课程决策机制是由国家、地方和学校三级相结合的，这就给予进行课程协商的合理性。这里所使用的协商概念，是指采用话语作为权力运作的媒介来调整决策者的目的、利益、信念和手段。要吸引教师参与课程决策，需要具有以下措施：首先，地方教育行政部门和学校应制定政策以保障教师的权益，给予教师充分的支持和鼓励，创造多样的决策参与方式。只有保障教师的权益并提供明确的实施途径，教师才会积极参与决策，把课程决策看作教师的重要工作。其次，无论是教师还是参与课程决策的其他主体，没有谁能真正掌握着全部话语权。教师最终的决定是各方权力博弈的结果，教师要做的是对这些权力进行平衡。高职语文课程若是要产生实实在在的教育效果，就要

让语文教师与语文课程成为高职教育课程体系中主动发出声音的部分。

3. 建设高职院校的课程研究平台

高职语文作为学生人文素质培养的交叉课程，其必须有一个协商和合作的场域，使得它所负载的中国文化的精神魅力做到与专业学习有机结合。当前各高职院校的教务部门一般也负责学校课程改革项目。课程改革的具体内容就要由各院或系部分头实施，并没有一个组织机构能站在学校宏观的视野上领导、协调牵涉不同专业的课程改革，并在此基础上，统筹安排专业课程改革所需配套的基础和人文类课程的革新取向。从另一方面来看，母语教育意识的觉醒也需要一个让语文教师发出声音的平台，如此，各专业课程改革过程中对高职院校人才培养模式的思考才能更完全，提升学生综合素质的人才培养理念才能落到实处。此外，课程改革是一个长期繁复的工作，需要一个定期活动的平台进行交流，吸收各方面经验，求得进一步的发展。高职院校的课程改革研究平台应该建设成为这样一个知识平台：驱动大学语文课程的创新实践，更可以和校企合作平台联结，进步拓展知识交流的广度，吸收同行企业的人才最新需求变化信息，组建横跨多个院校、纵观多个专业、包含各种学科人才的课程研究团队。

第二节　人文教育与高职语文教学改革

一、关于人文素养与人文教育

（一）人文素养的含义

关于"素养"，《辞海》解释为：一指经常修习涵养；二指平日的修养，如艺术素养、文学素养。人文素养主要指个体的基本内在涵养，是一个人在长期的生活与学习中不断习得人文知识，逐步形成个人的人文知识结构，以及在实际生活中实践有关人文知识的行为的综合表现能力[①]。

最初在西方，"人文"一词由西塞罗从希腊文翻译而来，将人文教育界定为人性的培养或心灵的教养，即通过教育能塑造人的精神世界，使人的本性和人的潜能得到充分发展，使人成为有人性的人、真正的人。"素养"指经过长期系统的训练和实践而获得的个人技巧或能力，与"素质""精神"有所区别，它更强调个体能力，这种能力必须从自觉的

---

① 周丽. 高职学生人文素养现状调查及语文对策研究 [D]. 长沙：湖南师范大学，2004.

科学的训练和实践中获得①。随着近代几次科技革命以来,自然科学和社会科学开始蓬勃发展,"人文"一词又被赋予了与科学相对应的特殊道德品质、知识修养等内涵。

在我国的研究中,人文素养通常包括五个方面的内容:一是具有人文知识,二是理解人文思想,三是具备人文方法,四是内在人文精神,五是实践人文行为②。

简单来说,所谓人文素养,即做人的基本修养,是一个人在长期生活、学习中不断获取人文科学知识,逐步形成的人文知识结构,以及在实践中有关人文知识内涵的行为能力的综合体现。它具体表现在一个人对自己、他人和社会的认识态度和行为准则当中。人文素养可以区分为三个不同层面,即人文知识、人文态度、人文精神。一个人的人文素养与人文知识是密切相关的,但两者是不相同的。人文素养是将外在的人文知识内在化,并付诸实践。人文态度是一个人对自己、他人和社会的认识和态度,它直接影响到人的行为表现和人文精神。人文精神是人文素养的最高形态,它主要是通过一个人的世界观、人生观、价值观、人格特征、审美趣味等体现出来的。教育家亨利·纽曼就曾经指出,人文精神虽然不产生像商品一样的东西,但它却格外值得追求和珍惜。

(二)人文教育的含义

人文教育,也叫通才教育或通识教育,在一些英语国家也被称自由教育(liberal education),是指以文、史、哲等学科教育为核心的基础教育。这里所称的"基础教育",指的是影响人成为"人"的基本的教育,而不是通俗概念中指给高等教育奠定基础的中小学教育或普通的学科教育③。

人文教育是素质教育在人文学科的知识传授和良好品行培养方面的体现。高职人文教育的基础是人文知识,核心是人文精神,目标是促进人文精神的实践,使学生在掌握较高专业技能的同时,具有积极的人生理想追求,形成正确的价值观念和健康的人格。人文教育的过程就是育人、教人如何做人的过程,它致力于用人类在漫长的社会活动中所积累的智慧来陶冶人、教育人,培养其健全的人格,促进其身心发展。可见,人文教育是一个人能成为一个健全的人所必不可少的,是实现素质教育的重要途径之一。

二、高职语文教学改革中人文教育的必要性

(一)人文教育能够促进社会发展

社会的进步和发展归根到底是人的发展。人的发展其根本在于人性的发展,而人性

---

① 刘伟.大学生人文素养内涵、缺失现状及原因剖析[J].才智,2011(26):268-269.
② 许国彬.高校人文素质教育论[M].广州:华南理工大学出版社,2010:2.
③ 童语舒.浅析高中音乐鉴赏教学中人文教育的渗透[D].重庆:西南大学,2020.

的发展根本则在于人文教育的发展。由此得出,在高职语文教学中进行人文素养的渗透是极其必要的。

教育的对象是人,人之所以为人,在于人是有思想的动物。人与动物的本质区别,在于其社会性。人要立足于世,就要懂得生存的本领和为人处世的哲学。具备良好的人文素养,是人之所以为人最基本的条件。教育从本质上说应该是人的教育,即教育应该全面地对待人。人要成为完整的人,需要在德、智、体、美多方面得到锻炼。人的发展应是全面的,训练是广博的。

（三）人文教育能够培养健全的人才

经济迅速腾飞、科技日新月异的当今社会,对人才的要求也在不断地提高。渊博的知识、娴熟的技能、丰富的经验已经成为衡量人才的基本标准。除此之外,良好的沟通、合作能力,积极、健康的心理素质,正直、高尚的道德修养,更是优秀人才必须具备的条件。社会无论发展到何种程度,无论对人才的要求标准提高到何种水平,至少有一点是不变的,也就是人才的前提和基础。因此,学校教育必须先是学生的"成人"教育,然后才是"成才"教育。提高受教育者的人文素养,能够使他们成为一个真正意义上的人,懂得如何做人处事、怎样处理人际关系、形成正确的价值理想观念。教育的目的在于教育人,发展人,提高人的知识水平和文化素养。

人文教育不是道德灌输,是用中华民族五千多年的博大精深的精神财富去启发、感召和提升人们,从而让人懂得其中的道理,认识自我,见贤思齐,从而提高自我。在高职语文教学中,除对学生进行知识教育,尤其重要的是对其人生目标、价值取向、精神品质、道德修养、情感意志的教育。在高职院校,知识教育和情感教育、理性教育和人文教育应该同时进行、同样重视,在某种程度上,后者的重视程度应高于前者。总之,在语文教学中进行人文素养教育和渗透,是刻不容缓的头等大事。

三、高职语文教学改革中实行人文教育的优势

（一）语文学科自身特点决定

语文作为重要的交际工具,也是人类文化的重要组成部分。语文学科的基本特征是工具性和人文性的统一。语文教学既是传授文化知识的手段,也是传承文化、播撒文明的载体。语文学科的人文性特点,决定了它在进行人文素质教育、培养人文精神方面具有得天独厚的优势。语文教学对于提高学生智力和能力水平,深化学生素质方面有重要作用,是由语文学科的特点决定的。鲜活的语文教学和严谨的语文训练,能使学生理解

并趋向文明,养成优秀的习惯和品质,具备积极进取和奋发向上的精神和意志,成就不怕挫折、勇于正视现实的勇气和态度。语文学科的人文性,是针对语文教学中的文化精神和文化知识而言的。高职语文教科书,兼容社会生活与人生哲理、历史发展和个人命运、自然风光与人生百态于一炉,呈现一种广阔而浑厚的大美世界。

高职院校学生的未来大多数直接指向的是就业,因此高职院校语文必然有其独特性的一方面,即高职语文教学必须要为学生专业发展服务,要为学生将来走上工作岗位的实践服务,具有其实用价值。所以高职学生必须掌握熟练的语言表达技巧,具有良好的听、说、读、写能力,还要了解并掌握各类文章写作要领等,从而切实提高语言文字的实际应用水平。

(二)新课程标准下的高职语文教材更有利于人文素质的培养

语文教材是语文教学的蓝本。语文教材的编写内容,要符合语文新课程标准规定和要求,应尤为注重继承和弘扬中华民族的优秀文化方面,同时尊重多元文化并能给予理解。语文教材内容的选择,要有助于学生民族自尊心和爱国情感的培养与增强,对于形成学生正确的世界观、人生观和价值观有导向作用。为符合大纲需要和规定、语文教材的选文标准,时代性和典范性应作为其基本特征,既要做到文质兼美,又要保证题材丰富。语言是民族的财富,而优秀的语言文化,更是优秀民族精神的写照。

高职语文课本内容丰富多彩,包含着庞大的信息量、深厚的文化底蕴和深刻的人文内涵,形成了语文学科得天独厚的人文教育优势。在语文课进行分析形象、感受作者经历和领悟作品内涵的具体形象的课堂氛围中,语文知识的传授、语文专题的训练、文学作品的赏析的过程都应该是对学生人文精神潜移默化的熏陶过程,更是人文素养春风化雨的催促成长过程。激发学生的兴趣和热情,从而在循序渐进的课堂效果中,使学生在潜移默化中形成正确的世界观、人生观和价值观,以及提升审美感悟能力。

高职院校以培养和造就具有高素质的劳动者为目标。要使专业人才具备高素质,高职语文教学应首先根据其专业特点、市场需求,着眼于学生未来需要和发展,对教学内容进行大胆尝试和调整,对学生的“读、写、听、说”的语言运用能力进行重点培养,将学生培养的目标与学生的就业发展有机联系起来,使学生在走上工作岗位时,能够学以致用。高素质职业人才的培养,必然要求高水平的教师。这就要求高职语文教师,除具备良好的文学修养和较高的知识水平、育人技巧外,更要了解并结合所教相关专业的特点,对本专业的新知识、新信息予以搜集和了解,并把这些信息融入语文教学之中。例如,在给旅游管理专业的学生上语文课时,教师可以请学生结合相关知识,结合自己的校园或家乡,组织语言写一篇导游解说词;在给动漫设计专业上语文课时,可以让学生拿着自己设计的动漫形象,用生动活泼、栩栩如生的语言进行现场动画演绎。总之,职业学校的语文教学内容,不应一成不变、一以贯之,而应根据所教专业的不同特点有所选择和延伸,让学生在语文学习中丰富自己的知识内涵,培养自信、开朗的心态,培养审美感受力,从而为就业发展做好铺垫。

四、高职语文教学改革中人文教育的实施

（一）充分挖掘语文教材，并能与本专业知识有机结合

语文教材在人文教育方面具有其他学科无法比拟的优势,因此语文教师必须把握并利用其优势,发掘作品中人文教育素材,充分调动一切资源和能力,结合相关专业知识,在文章的选择上做到有针对、有辨别,对学生进行人文素养渗透,使他们在体悟作品内涵的同时,净化和洗涤灵魂。

语文教材中所选录的文学作品,除文字优美外,还蕴含着深刻的思想性和人文性。文学作品中的精神内涵和人文魅力光芒四射,它像一座灯塔,对学生在生活道路上的前进和成长起导向作用。因此,语文教师要让学生在阅读和欣赏作品的同时,受到一种精神上的熏陶和感染,一种灵魂上的洗礼和升华。在语文教学实践中,对于教材的充分合理运用和解读,挖掘教材中语言文字的魅力,在作品的阅读欣赏中陶冶学生性情,养成学生品质,是高职语文课的重要内容。因此,在语文课本中挖掘人文因素,是高职语文教学中进行人文素养教育的一个必要且直接的手段。语文教师除带领学生解读每一篇优质的文学作品中的语句、语段,了解文章的创作背景和写作意图,挖掘作品中心思想和艺术特色之外,还有更重要的任务,即带领学生深刻领悟作品中的高尚人物的人格。

教材是教师传递思想,进行人文教育的手段和媒介。语文教科书是学生感悟人文精神的平台,同样是语文教师进行人文教育的重要阵地。由于高职学生所具有的学习特点,要求语文教学在教材的选择和使用上,要充分体现人文素养教育精神,既要考虑到他们初期薄弱的语文基础,也要预见到高职学生后期的潜质;教材的选择要遵循循序渐进的原则,同时在教学过程中,对知识进行挖掘,并形成体系。在高职语文教学中进行人文素质教育与渗透,在教材的选用和编撰上必须花功夫。高职语文教学应花更多时间和精力去走进文学作品,领会作品的思想内涵,从而培养高职学生对民族文化的认同感,激发学生对于知识和真理的求知热情,呼唤其对世界和人类的尊重与关爱,最终形成有效的品格。

（二）优化语文教学形式，拓展丰富的教学实践活动

要让高职语文教学真正产生良好的效果，必须为其注入鲜活的血液。首先，教师可以从教学形式入手。要让教学方式多样化，除讲授外，还可采用朗诵、演讲、小组讨论、课本剧表演等多种寓教于乐的教学形式作为必要补充。其次，教师可以充分利用高职院校成立的各种文学社团，因为这些社团对于培养和锻炼学生能力也有非常良好的作用。所以，语文教师可以借助于演讲社、朗诵社、话剧、舞台剧等文学社团的指导，进而让同学们在参加社团活动的过程中，在口语表达、人际交往、自信乐观、成败态度等方面获得进步和成熟。如此一来，在生动课堂和活泼课外的双重配合下，寓教于乐，理论与实践相结合，不仅能拓宽学生的知识面，开阔学生的视野，又能锻炼他们的思维，使学生的综合素质得到提高。

现代教育技术的掌握和运用，对于创造富于活力的课堂有良好的效果，更容易熏陶和感染学生，从而调动他们学习的热情。教育心理学研究表明，视、听组合后的学习效果，远远超过视、听分开效果之和。因此，教师适当选择使用多媒体进行教学，会使教学过程生动、形象，使学生产生身临其境之感，对于学生深刻把握课文、受到审美熏陶具有促进作用，有助于形成良好的教学效果。当然，这里并不是提倡每篇课文的教学、每节课都采用多媒体教学手段，而是要遵循适度原则，否则，毫无根据地泛化使用，反而会有适得其反的效果。

（三）丰富学生情感，培养开创性思维，建立平等、和谐的师生关系

正所谓：一千个读者，就有一千个哈姆雷特。对同一作品的理解，因作者不同，审美感受则不同。这正道出了文学作品内涵丰富性的特点，所以高职语文课堂在培养学生的人文素养时，需要注重学生的创新思维和审美意识的养成。也就是说，语文应该培养具有创新意识的人才，而非工厂里流水线上生产出的统一的"样品"。在语文教学，应该培养学生欣赏美、感受美、创造美的能力，丰富学生的情感世界。

新时代的教学观倡导应该回归人的教育，即"以人为本"。因此，和谐、平等的新型的师生关系的建立，对于人文教育的效果有着非同寻常的内化意义。教师与学生之间处于平等、和谐的氛围，而学生的人格在这样的关系中得到尊重，更能优化教学质量和课堂效果，学生的内在品质和外在素养更能得到快速提升。在这样的课堂教学中，教师不再是控制者和权威，而是与学生立于平等地位。新时代的师生关系更像是朋友，它要求我们要从内心深处尊重学生，真诚相待，热情关怀，和谐相处。这样的课堂，这样的教师，自然会使学生一步步走向从容、走向自信和大胆，能够使学生掌握正确的学习方法，表达发自内心的见解，懂得与他人和谐相处之道。

（四）创设良好的课堂教学情景，赋予教学方法审美特征

优秀的教育者，除了具有先进的教育理念，同样要有科学的教学方法。良好的教学方法有助于形成卓越的课堂教学情境、形成和谐的课堂氛围，同时对挖掘教材中的审美元素、净化学生灵魂、感染学生情感、唤起学生灵魂有着推动和促进作用。具有审美特征的教学方法，侧重培养学生的爱好兴趣，调动学生的审美情感，从而将知识传授与审美体验有机结合，有利于培养心理健康、道德高尚、才华卓著的较高素质的人才。

良好的课堂氛围，会让教师的知识传授更为鲜活，语言也更加生动、赋予形象感，有利于感染、鼓舞学生。在语文教学过程中，教师营造和谐、活泼的课堂氛围，建立平等、友善的师生关系，对于提升语文课堂的教学效果，以及在语文教学中进行人文素养的渗透，有着积极推动的作用。和谐的课堂，有助于师生之间建立真诚、信任、理解的关系，而和谐的师生关系会让学生在课堂上获得一种安全感。在这样的条件下，学生才会信任自己的体验和价值，形成真正的自我观念，积极性和创造性才能得以最大限度的激发，有利于形成具有创新的、具有自我的个性特点。

（五）培养学生自觉良好的阅读、写作能力，促进人文素养教育

阅读是学生感知祖国语言文化和提高思想道德修养、审美情趣的重要手段，也是增加词汇量、增强语感、培养人文素养的重要途径。在诵读之中，优美的文章会让读者有沐浴春风之感，在眼、耳、嘴、心、脑的协同合作下，多种感官都会被调动起来，这是对唤醒人内心深处的人文精神的再创造。通过对文本的反复阅读，学生自然而然地能够达到描摹其景、揣测其意、诉说其情的效果，从而进入文本世界，把握文本的深层意义。于是语文素养和人文精神便在耳濡目染、潜移默化的教育过程中得以提高。

阅读可以激发人丰富的想象力和创造力。阅读励志的传记文学，可以使学生深受感染和鼓舞。主人翁在艰苦辛酸的境遇中始终坚持理想、积极进取，这对年轻的读者来讲更是一种灵魂的冲击与洗涤，更会反观自己，会对眼下的幸福生活更为珍惜，对自己好逸恶劳的状态进行由衷反省。优秀的文学作品，是集语言美、人情美、人性美于一体的艺术，是人类文化和文明的传承典范，是世界人民的精神瑰宝，因此阅读优秀的文学作品，可以让我们在作家的引领下，更多地了解世界文化和风俗，感受世界悠久而博大的历史文化，并受到潜移默化的熏陶和感染，这对深化学生人文素质、弘扬文化传统和民族精神有着重要的意义。

正所谓，文学来源于生活，是社会生活的反映。写作的源头活水来源于丰富的生活，文章应该是思想的河流，是心灵的泉水。回归心灵、还原生活的写作，能够呼唤起学生内心深处干涸了的创作水源，且在写作训练的过程中，也可以呼唤学生对未来的憧憬，对往

昔岁月的追忆,对现在时光的正视。在文章要表现健康主题的要求下,写作训练有助于规范学生的审美标准,以及对真、善、美的关注和追求,在文章表达自我、凸显个性的倡导下,能使其文章更具自我魅力与特色。写作训练有助于打开学生的思维之门,开阔学生视野,强化其求知欲望和表达理想,培养其独立思考的能力和辨别是非的能力。

总之,阅读教学和写作训练应该作为高职语文教学中人文素养教育的必要手段和有利途径。教师应在阅读和写作教学中打开学生的心门,扩大他们的视野,提高他们的人文素养。

五、人文教育背景下对高职语文教师的要求

语文教育,是使学生增长文化知识、提高内在涵养的教育,是着眼于学生的德、智、体、美、劳全面发展的教育。我国古代教育大家孔子曾曰:"言其身正,不令而行;其身不正,虽令不从。"由此看来,教师在教育中的示范作用是不可小觑的。因此,在高职语文教学中进行人文素养教育,教师本身的人文素养是培养学生人文素养的前提和保障。教师不仅是知识灌输者,同时也需要在思想素质、道德情操、人格素养方面成为学生的精神楷模。

职业院校的语文教学目标更注重于强化学生的人文素养。因此,为保障高职语文教学的人文性,具备较高人文素养、德才兼备的高水平教师队伍,是人文教育得以实现的基础。高职语文教师除具备渊博的文化知识,还要有高尚的道德情操、一视同仁的平等观念、不厌其烦的奉献精神,拥有与时俱进的先进的教学理念、走进学生内心世界的爱心。因此,人文素质教育的背景下对高职语文教师提出了新的要求。

(一)有较高的知识和能力水平

韩愈在《师说》中直言:"师者,所以传道授业解惑也。"这是对教师最本能的,也是最本职的概括。高职语文教师肩负着传授知识的使命,所以必须具备坚实和过硬的本领,要有足够强大的知识储备。在信息发达的今天,对语文教师的知识含量更是提出更高的要求。语文学科具有渊博而深厚、包罗万象、内涵丰富的特点。因此,高职语文教师除谙熟语文本专业知识外,还要上知天文、下知地理,教育学生还要通晓教育、心理学等方面的知识,在语文教学过程中能够适时抓住学生心理,走进学生的内心世界。只有这样,语文教师的课堂才会是语气铿锵、慷慨激昂的,语文教师才能在语文教学中游刃有余,才能用自己的知识、智慧感染和震撼学生的心灵。

(二)具有良好的文化底蕴和道德素质

教师是人文教育培养目标的实施者,也是人文课程和人文素养渗透的实施者。学生

人文素质培养的水平与教师人文素质的高低息息相关。教师的素质和行为像一种无声的教育会在学生身上产生影响。所以，作为人文学科的教育工作者，更要具备渊博的文化知识和高尚的道德素质，把人文素养渗透当成一种职业、一项神圣的使命，要不断提高自身的人文修养，提升自己的思想道德境界，用高尚的人格去影响人，用良好的品德去感化人，用道德去影响道德，用人格去改善人格，从而使学生的身心得到全面发展。

只有心里阳光的教师，才有可能驱走学生心头的灰暗；只有对生活充满热情的教师，才能激起学生对现实世界的热爱；只有做事公平、一视同仁的教师，才能让学生获得心理的平衡；只有内心善良、热爱学生的教师，才能燃起学生面对挫折的勇气。高职学生，由于其自身的特点，更需要高职语文教师除懂得本专业的文化知识外，还要能够和学生有心灵的沟通，懂得并能走进他们的心里，成功解决或遏制一些问题的发生。高职教师要具有积极、乐观、开朗的个性，用自己脸上灿烂的阳光，驱赶部分孩子心里的阴霾，用教师高尚的道德情操和举手投足之间渗透出的内在修养，为学生做好榜样示范。

高职院校要培养适应社会发展的全面性人才，不仅是要培养具备娴熟专业技能的技术工人，更是要培养具备良好职业道德和人文素养的人才。良好的职业道德和人文素养，是形成正确的世界观、人生观、价值观的必要前提。因此，高职语文教师的人文素质和人格魅力是成就高职学生人文素质的隐形力量，会对学生在思想道德方面起到熏陶、感染作用。一名优秀的高职语文教师，不仅要具有渊博的文化知识、精湛的育人艺术也需要精湛，尤为重要的是拥有模范的道德言。教师的道德修养足以给学生示范。这样就会形成一股强大的教育力量，会在教育教学过程中潜移默化地给学生以影响、启迪和教化。这对于培养新时代全面发展的、复合型的优秀人才具有一种无形的推动作用。

（三）教学目标明确，与专业有机结合，以学生的就业发展为导向

高职学生的发展生涯直接与就业挂钩，因此要求高职语文教师势必要在高职语文教学的道路上披荆斩棘、积极探索，寻找适合高职学生的学习方法，更要把语文教学和专业的特点有机结合，充分发挥语文学科的特殊效能，使其更好地为学生未来的就业发展做好铺垫。因此，高职语文教师除精通课本知识外，还必须要紧跟时代步伐，更新教学理念，了解社会形势对职业人才要求及用人单位对于人才要求的职业标准，把握各专业岗位对于人才的标准。由此看来，语文教师应该向复合型教师，向一专多能的教师迈进。语文教师要制订清晰的教学目标，科学、合理的教学进度，选择精彩纷呈的教学内容，选择适合高职学生的教学方法，也要具备使语文课堂生动形象的多媒体运用能力。高职语文教学丰富多彩的教学形式，应作为语文课堂的有益延伸和补充，如普通话训练、"三字训练"、演讲朗诵等内容的融入，使高职学生的书写能力、交际水平、理解感悟能力都有很大

的提高。同时,在进行这些基本功训练时,使学生能够养成一些品质和性格,如书法训练中的耐心和严谨,演讲朗诵时的大胆与自信。又如,应用文写作课的开设,可以让学生接触并掌握譬如个人简历、工作总结、调查报告等就业的基本技能。

(四)多与学生沟通,给学生更多的情感关注

高职语文教师,不仅要承担传道、授业、解惑的角色,还要呵护与陪伴学生的心灵成长。语文学科是人文学科的主阵地、人文素养培养的主战场,因此语文教师要付出更多的汗水,要经常与学生沟通,了解他们的思想动态,对于犯错的学生要注重措辞,做到循循善诱,对于屡教不改的学生,要不厌其烦地做其思想工作,谨慎动用处罚、处分。另外,语文教师还要让语文课堂成为培养学生人文素质的载体,要培养学生的独立能力,培养他们的自信、诚信,以及敢于担当的态度,提升他们面对挫折的勇气。这就需要语文教师具有坚定的信念和强烈的职业责任感,更要对本学科在高职院校学科设置中有清醒的、科学的认识,强调其价值所在。

第三节 就业导向下高职语文教学改革

一、高职语文教学与就业之间的关系

(一)高职语文教学培养的人文素养是就业的精神内核

在就业理念指导下,高职语文教育中人文素养的核心内容应该是人文思想、人文意识及由此而形成的职业素养。"以人为本"是其要义,在工作岗位中则表现为一种良好的职业道德操守、合作敬业精神等。高职语文蕴含着厚重的文化积淀,具有丰富的人文教育资源。

高职语文教学中,挖掘优秀文学作品中有关做人、求知、合作、创造的内容,能够引导学生树立生命意识,学会尊重生命,努力实现生命的价值,学会尊重他人,与人和谐相处,使其成为注重人文关怀,又具有独立价值追求的人。在对文本解读中,学生感悟生命、敬畏生命,只有树立了正确的生命价值观,在工作与生活中才会理性地对待自我、包容他人,才能拥有充实而饱满的生命力。

王维的山水诗情、陶渊明的田园憧憬,皆可以通过文本的阐释与解读,传递"一草一木皆关情"的生态思维,字里行间,丝丝浸润学生内心,进而积淀为稳定持久的心理气质。如此,人在充分发挥自我创造力的同时,不乏对自然之美的鉴赏,对人性之美的赞同;在

施展自己过硬技术能力时，更会透出人性的光辉和生命的温度；在温润、和谐的人际关系中才会凸显人格之美，从而产生一种人格吸引力与影响力。

通过语文课堂中人文素养的培养，丰富学生内在情感，唤醒学生的良知、责任感和价值观，增强其对自己情绪的把握和掌控、对他人情绪的揣摩与理解能力，提高其对挫折的承受能力和人际交往能力等。从某种意义上讲，这些情感智慧对人的成功起决定作用，也是社会生产力健康发展的重要因素。

（二）高职语文教学培养的人际交往能力是就业的运行载体

人际交往能力的核心是沟通与合作。沟通是合作、谈判、职业愿望达成的前提和基础。语言应用能力是人的综合素养得以外化的物质载体，是一个人的思想、行为方式获得社会赞许的关键。合作是沟通的具体形式，是资源共享的基础上获得实现利益最大化的方式。沟通的方式在合作中得以完善与强化。一定意义上，随着社会分工越来越细，沟通与合作是信息时代人际交往的社会准则，是利用多元思维和多样化的创造力获得成功的决定性力量。在职业教育视域下，沟通能力是高职学生社会能力成熟的标志。

大学语文教学目标的实现有赖于师生合作、生生合作。首先，大学语文是以人性为表现核心的语言艺术，无论是经典生动的人物形象还是永恒不衰的终极追问，都体现了对人类自身的思考与反省。学生在这些文本的学习中，学会认识自我、认识他人、明确自我的定位，学会明确与别人相处时应保持何种心态、在社会与自然中应该具备什么样的精神与心理，从而获得清晰而恰当的自主意识，在良性竞争中追求自我价值，在实现自我价值的同时向创造社会价值跃进。其次，学习中的问题讨论、主题演讲与辩论、角色体验活动，均在小组合作中展开。

在成功的沟通与合作基础上而形成人际交往，是人与人之间的良性互动。孔子有言："独学而无友，则孤陋而寡闻。"在良好的人际交往中不仅可以反躬自省、不断完善自我，还可以形成和谐的集体氛围，增强集体凝聚力，有助于个人正义感、责任心的培养。

二、高职语文教学中以就业为导向的必要性

（一）高职语文教学目标及任务需要在教学中突出其就业导向性

在高职教育教学过程中，其办学理念，社会对高职学生要求及语文教学自身特点，还有高职学生需要具备的相关能力，这些均需要在高职语文教学中将学生知识及技能的培养作为教学目标。以就业为导向，主要就是要求教师在对学生进行语文专业知识教育时，要与当前社会对学生能力、素质方面要求相结合，充分把握两者之间融合点。首先，在专

业教育方面,需要使高职学生自身专业特点及今后发展方向突出;其次,在实用性方面,需要将语文教学当作基础教学,注重对学生专业技能进行培养,使学生能够符合今后就业要求,且具备较大发展潜力。

(二)用人单位的要求使高职语文教学突出就业导向性

在现代社会不断快速发展的形势下,高职语文教学的目标及方向应当将社会对于人才的要求及标准作为参考。目前,用人单位对人才提出很多方面具体要求。就实际情况而言,目前社会用人单位主要对员工两个方面因素进行考虑:一方面为就业人员所具备基本知识素质,另一方面为就业人员各个方面综合能力,这也是关键方面。因此,在高职语文教学中,必须要以就业为导向,培养学生的综合能力,以满足学生就业需求。

(三)目前高职学生实际情况需要高职语文教学以就业为导向

为能够提高高职学生语言文字能力,高职语文教学应当以教学方法为入手点,对教学方法不断进行创新,使学生的主动性能够得以充分发挥,建立以语文教学为基础,实践性、实用性及操作性相融合的立体式教学新模式,增强学生语文知识学习的动力,为满足学生今后的发展需求,培养出高水平、高素质的人才。

三、就业导向下高职语文教学的原则

(一)突出语文教学的职业性

就业导向下高职语文教学首先要遵循突出语文教学职业性的原则。过去传统的以理论知识为主的教学法已经不再适应当前高职教育职业化的需求,因此在当前阶段的教学中要注意理论性与职业性的连结,教学内容要体现职业性的特点,引导学生将听、说、读、写的能力与自身的专业相结合,以培养学生的职业能力为目标。比如,依靠从语文教学中所获得的待人接物的礼仪、与人交流的语言表达方式等,帮助高职生在往后的职场中更加得心应手。

(二)突出语文教学的针对性

以就业为导向的高职语文教学需要突出针对性。为了更好地发挥语文教学对学生就业的积极作用,教师在实际的教学中可以按照不同的专业设置相应的教学板块来进行教学。传统的高职语文教学的内容方式主要是靠文学作品的鉴赏和分析进行教学,但这种模式对就业导向下的高职语文教学并不适用。在职业化要求的前提下,语文教学应该突出其针对性的特点。教师在教学时需要根据学生的专业和就业需求对教学大纲进行适当调整，按照专业的需要为学生量身制订出相应的教学计划。例如，针对旅游管理专业的学生，可以在教学时选取与旅游有关的内容，如对导游词的赏析，并在课后布置关于旅游文化以及对自然风光或民俗风情介绍的写作任务，同时也可以在课堂上给出某一主题或景点，鼓励学生开展即兴解说，锻炼其口语表达的能力；对于经济类专业的学生，可以将重点放在合同拟写形式、内容，商业谈判的内容等方面，切实地针对学生需求开展教学，同时在转换教学模式的过程中也要注重对学生的语文基础知识的巩固和考查。

（三）突出语文教学的实用性

就业导向的高职语文教学需要突出语文教学的实用性。语文的实用性体现在学生对听、说、读、写能力的运用。在实际的教学中，教师要对学生进行有效的训练。例如，在"听"的能力训练方面，教师可以对学生的听辨和传达等能力进行训练；在"说"的能力训练中，教师要教会学生如何在有限的时间内对某个主题进行论述，还要充分体现论述的重点，让学生学会如何正确地表达自己的想法，以及与人交流的说话技巧；在"读"的教学中要对学生的理解能力进行训练，让学生从所读的文章中提取出有效的信息，并对教师提出的问题进行解答，使学生切实掌握信息的筛选和整合归纳的方式方法；在"写"这一方面的教学中，要注重对学生应用文写作技巧的教学，使学生在之后的职业生涯中游刃有余地完成工作汇报总结等任务。以就业为导向的高职语文教学的最终目标就是通过这一系列的训练使学生具备一定的语言应用能力，学会如何处理职场中的人际关系网。

（四）注重语文教学的实践性

以就业为导向的高职语文应注重语文教学的实践性。"实践是检验真理的唯一标准"，在高职语文教学中实践同样是必不可少的。就业导向下的语文教学通过各类实践活动，能够对学生的语文职业化能力进行有效的检验，并及时发现教学中存在的问题，提出解决和改善的方法、措施，让学生在实践的过程中真正地把所学到的知识转化为自己的能力。例如，对高职英语专业可以开展专业和语文相结合的活动，如英汉互译的笔译和口译的比赛，既是对专业知识的实践和巩固，也是对语文的表达和组织能力的体现。教师在活动中可以及时地发现学生有欠缺的地方，而后有针对性地对该生的不足之处进行加强训练。教师要定期根据专业所划分的板块为学生策划实践活动，为学生创造实践和表现的平台，后期在实践活动发展成熟之后，教师还可以鼓励学生自行策划活动，如此一来，还能帮助学生锻炼和提高执行策划能力。实践活动的开展也是对学生能力水平的考查和评判，能够帮助学生在活动中实现自身的价值，明白语文知识对未来就业的重要性，提高学生的学习兴趣和学习积极性。

四、就业导向下高职语文教学改革策略

（一）以就业为导向构建高职语文课程体系

高职语文这一学科，不仅属于一门基础文化课，也是一门十分重要的技能课程。在当前高职语文教学改革中，应当加强重视语文课程体系建设，以学生职业能力的提升作为核心，在此基础上构建合理的语文课程体系，使语文成为技能性和基础性的一门综合学科，并且对高职学生加强技能指导，在阅读能力、理解分析能力以及表达写作能力与语言交际能力等方面对学生进行重点培养，从而使学生判断、分析及应用各种信息的能力能够得以有效提升。为使语文课程体系构建得到理想效果，可以从以下三个方面入手：首先，在开展语文阅读教学中，将精选语文课文作为基础内容，并将其做进一步拓展延伸，使阅读量及阅读范围得以扩大，对学生文字阅读理解能力、分析判断能力及鉴赏能力等进行培养；其次，在听、说教学过程中，可设置商务口语、即兴演讲及营销技巧等方面辅助性课程，从而使学生语言听、说能力及语言交际能力能够得以有效提升；最后，在写作教学方面，教师可设置应用文写作课程，从而对学生写作能力进行更好的培养，同时为学生今后就业能够更好地进行文稿写作奠定较好的基础。

（二）以就业为导向改革高职语文教学目标

以就业为导向的高职语文课堂教学要以教学目标为核心，充分组织各种教学资源服务于教学目标。语文具有工具性和人文性，工具性是指基本上解决听、说、读、写的四项基本能力；人文性则主要解决的是人性的培养，对道德情感的认知。我国的教育方针和教育的根本目的就是培养全面发展的社会主义新人。高职语文教学目标理应引导、教育学生要坚持以人民利益为宗旨，以先进文化知识为追求，养成科学的世界观、人生观、价值观。此外，较好的语文能力和良好的语文学习习惯对专业学习有着莫大的裨益。语文教学必须将培养学生学习语文兴趣、习惯、自觉性、毅力等作为目标构成要素，为学生专业学习提供有力的支持。所以，高职语文教学目标应当以人文性为基底，并呈现实用性、工具性、职业性的特点，以工具性展示实用价值，以人文性开拓人文素养培养，以职业性充实职业素养的培养。通过语文教学，教给学生必要的语文知识，提高学生听、说、读、写的语文能力，增强学生运用语言文字、组合使用语言文字的能力；充分发挥语文人文性的作用，培养学生的人文精神，使学生成为全面发展，具有健康个性、高尚人格和修养的人；充分培养学生良好行为习惯，从语言使用、行为举止等各方面规范言谈举止，使之成为一种习惯，保证素养的整体提高。这几个方面在高职语文教学中的地位不同，实现的方式

也各异,但是不可或缺,强调其中任何一方面而忽略其他一方面或几方面,或者以某一方面取代其他方面,必然会给高职语文教学带来消极影响。因此,在就业导向背景下,语文教师应当有针对性地对不同个体进行个性化培养。总之,要科学、系统地制订教学目标,教学目标必须对教学具有导向、激励、调控和评价等功能。只有明确教学目标,按照教学目标优化教学活动,高职语文课堂才能焕发出新的活力。

(三)以就业为导向改革课程教学方法

在以就业为导向的背景下,为使高职语文课程教学改革得以更好实现,还应当注意对高职语文的教学方法实行改革。在实际课程教学过程中,高职语文教师应当依据课程特点,在借鉴传统高职语文教学经验的基础上,结合现代语文教学研究相关成果,针对不同专业,选择与专业教育需求及语文教育需求相符合的相关教育教学方式及方法,从而促使高职语文教学能够取得更加理想的效果。首先,教师可运用讨论式教学法。这一教学方法注重主课堂与次课堂之间进行有效结合,在实际课堂教学中可将"社会热点人物讨论"及"社会热点问题讨论"相关内容引入,促使学生能够在小组合作中进行学习,在完成教学任务过程中让每位学生都能够担负自身职责。在课堂讨论过程中,学生能够在高职语文课堂教学中占据主体地位,在此基础上不断形成平等话语环境,并且能够对思维表达能力及沟通合作能力进行较好培养,这对于学生就业十分有利。其次,教师可引入延伸式教学法。延伸式教学法能够使教师主导作用及学生主体地位都得以充分发挥。这一教学方法的核心思想为自主、创新及延伸,属于对传统教学方式的一种有效改革。在高职语文课堂教学中,延伸式教学法的应用主要就是教师在对学生学习目标明确的基础上,在课堂教学中营造良好学习环境,且提供相关信息资料,改变以往教学中自身主体地位,将充足的学习时间及学习空间提供给学生。最后,教师指导学生进行讨论交流。教师对学生的疑惑进行解答、总结,对于表达新想法的学生给予鼓励,通过这种教学方式使学生思维发散,使学生学习潜能得以提升,有效激发学生积极性及主动性,从而使高职语文教学得到更理想的效果,对学生自主学习能力进行培养,使学生的发展能更好满足其就业需求。

(四)以就业为导向改革教学评价体系

在高职语文课堂教学过程中,教学评价也是十分重要的内容。全面、公正的教学评价有利于教师更好掌握学生学习情况,因而,在教学改革过程中对教学评价方式进行改革也是十分必要的。在以就业为导向的背景下,高职语文教师应当改变传统考试考核方式,在对学生进行考核评价过程中,应当将学生日常学习情况及平时表现纳入其中,并且集合班级其他学生及其他课程教师评价，从而使考核评价体系更加多元化，更具科学性及合理性；另外，在对学生进行考核评价时，不仅要对学生语文基础知识学习情况进行评价，还应当注重对学生语文应用技能进行评价，需要对学生听、说、读、写各个方面能力实行评价，这样才能对学生学习的实际情况进行全面的了解，为后期的教学改进奠定基础，从而进一步提升学生各个方面的能力。

以就业为导向的高职语文教学评价，应当是多元化的教学评价。教师应改变过去单纯追求知识点的考核成绩而忽略综合素养培养的倾向，要紧密联系职业院校教学特点，要充分考虑到学生专业、就业的需要，考试内容必须跟实际应用结合起来，理论考核与实践考核并重，过程评价和结果评价同行，建立以形成性考核为主的多元化考核评价体系，对学生进行全方位考核。比如，将考核评价体系分为三个部分：一是过程性考核，注重对学生平时语文学习的评价，包括课堂出勤、课前预习、回答提问、作业完成、各训练项目或任务完成情况等。如布置课前预习任务，让学生查找与下节课学习内容相关的语文知识，锻炼学生收集信息的能力，也通过这些语文知识的查找来拓宽他们的知识面。二是结果性考核，包括期末考试及综合训练项目完成情况。这主要就是通过纸质试卷的考试或是小组展示考核来检验学生的学习效果，加强学生对于语文学习的重视。三是实践活动证据。学生取得的普通话、专业技能证等相关职业资格证书，参加演讲比赛、征文大赛、创业大赛等比赛的获奖证书，均可作为学生职业素养养成的证明纳入成绩评定中。三个部分的考核比例由任课教师根据实际情况进行合理的分配。这样的评价机制会促使学生从书本知识中走出来，提高参与语文实践的主动性和积极性，在活动的参与过程中培养团队合作意识、竞争意识、创新精神等职业素养，注重平时的积累，提高职业素养在日常学习与生活中养成的意识，不断地提升自己的综合素质，为将来的就业打下坚实的基础。

第三章 "互联网+"与高职语文教学的融合

第一节 "互联网+"与高职语文教学融合的理论依据

一、"互联网+"相关概念辨析

在知识爆炸的信息化时代,培养学习者自主学习、提升自主学习能力和终身学习能力是现代社会对人才的新要求、新需要。随着互联网技术和现代通信技术的飞速发展,擅长互动而有共享特性的多媒体网络在教育中的应用越来越普遍,特别班班通的运用使得互联网与校园网接轨,丰富了各级各类学校的资源和手段,使基于互联网环境下的"教"与"学"由理想变成了现实。

在我国,"互联网+"这一概念由易观国际董事长于扬在2012年第五届移动互联网博览会首次提出,他认为"互联网+"应推广到所有的行业产品和服务①。至2015年,国务院发布了《关于积极推进"互联网+"行动的指导意见》。从此,"互联网+"成为网络热词。在教育领域,在线教育的专业网站增多,探索互联网环境下的学生自主学习情况及自主学习能力,已成为人们探讨的一大热点。

"互联网+"虽是一个简单的概念,但却蕴含着行业的方方面面,因此要正确认识混合式教学,就需要对"互联网+"相关概念做简单的辨析,主要包括"互联网+""互联网+教育"和"互联网+课堂"。

(一)"互联网+"

全球性、开放性、平等性等作为互联网信息技术的一系列特征,在信息化时代发挥着独一无二的作用。它可以将某一生产力互联网转化为新的生产力,可以有效地促进小到衣食住行,大到经济、政治、文化、生态等其他方面的进步。互联网跟随时代的脚步发展

---

① 平和光,杜亚丽."互联网+教育":机遇、挑战与对策[J].现代教育管理,2016(1):13.

和创新，于是逐渐衍生出了"互联网＋"。"互联网＋"是互联网进一步发展的更智能的互联网。它是一个新系统，集成了各种功能，如数据挖掘、分析、存储和传感，与互联网的信息处理和传输功能保持一致。"Internet＋"是两种技术集成的迭代更新版本。它的核心特征是从互联网中提取出来，并与工业、商业和金融服务相结合。从广义上讲，"互联网＋"是"互联网＋所有传统产业"，但它不仅仅是两者的结合，而是利用信息通信技术和互联网平台，将互联网与传统产业结合起来，创造新的发展环境。

（二）"互联网＋教育"

教师在固定的教学场所，如教室开展教学，这就是传统教育。"互联网＋"中的"＋"是指互联网与其他行业传统形式的深度融合。"互联网＋教育"是指互联网与教育的深层结合。深度整合是指互联网与教育各方面的整合。通过互联网的开放思想和包括大数据在内的新技术，它对教师、学生和课程等教育系统中的各种要素产生了影响和提升。充分发挥互联网的作用，促进教育领域各方面的改革和完善，如人才培养过程和评估机制，使教育更好地适应当今时代的特点，使人的重要性和价值得到充分重视和发展。"互联网＋教育"对教育的最大变化是教育思想和教育方法的转变。"互联网＋教育"通过互联网开放和其他思维方式解放教育参与者的思想，促进教育各方面的转变，使教育更加注重学生完美生活的发展，其先进技术在教育领域的应用促进了教育方法的改革。

（三）"互联网＋课堂"

"互联网＋课堂"的定义尚未在国内外定义。结合以往的研究，本书认为"互联网＋课堂"主要是指建立以学习者为中心的智能教室，通过课堂教学模式的改革，创新的教学方法和学习方法，培养创新思维能力和解决问题的综合能力，以人才为目标，具有个性化、互动性、无处不在的新课堂特色。

二、"互联网＋"对高职语文教学的意义

（一）"互联网＋"为高职语文教学提供环境支持

从 21 世纪初期的 PC（个人计算机）互联网时代到现在移动互联网时代，信息技术高速发展，为教学的创新和变革提供了必要的技术条件，与此同时，移动互联网平台的搭建、在线教学资源与教授方式包括运行模式方面的变化也都为高职语文教学提供了必要的网络环境。教师引导学生利用各种移动平台，实现线上与线下教学的结合。学生可以利用各种平台，随时随地进行学习，从而提高自主学习能力。

1. "互联网+"为高职语文教学提供了网络教学环境

"互联网+"背景下，教师在实施语文教学时，网络环境提供了重要的物质条件。教师不是在课堂上简单地播放 PPT，利用麦克风等多媒体讲解课本，而是充分利用"互联网+"所提供的便利。这在很大程度上也加速了高职语文教学"互联网+"教学改革的同步发展，主要体现在以下三个方面：第一，"互联网+"扩宽了教师的视野，丰富高职语文教师的知识体系；第二，"互联网+"衍生出"互联网+教育"的创新变革需求；第三，"互联网+"为语文教学的各参与主体提供了更加便捷的获取信息、处理信息的能力。网络环境为学生自主学习提供信息资源，如各类微课、视频、博客、公众号、教学软件等；多媒体为传统教学提供上课所需的各类设备，如投影仪、电脑、麦克风等；教师在这个模式中充当组织者、指导者、帮助者和促进者的角色，不再是以往的指挥者、主导者；而学生就充分发挥主观能动性，利用自主学习策略高效地吸收知识。

2. "互联网+"为高职语文教学创造了移动平台

学生的课外实践离不开丰富的网络资源的支持，而学习内容的交互设计，包括内容结构设计、多媒体呈现设计、教学内容的问题设计以及教学任务的可操作性设计等，离不开移动平台的支持。移动平台的利用可较大地拓展课堂空间。教师可在课前和课后通过 BBS、QQ 群、博客等多种方式与学生进行交流，及时了解学生的学习情况及学生的反馈。各种网络学习平台，尤其是高职院校资源共享平台的纷纷建立，给学生营造了和谐、开放、互动、探索的环境，使学生能够自由地通过网络与在线学生或教师平等、轻松地探讨各种问题，在学习过程中始终保持积极的自我激活状态。因此，网络在线学习平台，如手机 App、blackboard 平台等开始真正融入学生的学习之中，和课堂学习一起成为学生学习与生活中不可或缺的一部分。总之，"互联网+"时代的到来使得学生可以通过移动平台，随时随地获取线上教学资源，随时随地参与线上课堂学习，随时随地有针对性地自主学习和交流。

（二）"互联网+"为高职语文教学提供网络技术

1. "互联网+"为教学活动提供了必要的网络手段

在语文教学中，优秀的课件可以有效引导学生学习和掌握必要的知识。一方面，语文课件内容的选择离不开网络工具。得益于"互联网+"的时代背景，教师在进行课件设计时可以搜索和筛选出精华和经典内容，譬如视频、音频、图片等资源，通过互联网课件设计工具加以呈现。另一方面，教师在进行课件设计时，可以采用多种多样的网络开源工具，更加优化教学课件呈现形式。另外，"互联网+"还带来了多种互联网社交软件，让教师可以利用这些软件与平台来满足高职语文教学的高频互动需求。

2."互联网＋"为高职语文教学创造了良好的网络平台

高职语文教学的执行过程涉及学生、教师、学校等多方主体,实际上俨然形成了一个复杂的系统,也给语文教学管理带来挑战。互联网系统管理平台、互联网信息存储等多种互联网手段,为语文教学系统管理提供网络技术支持,主要包括教学评估系统、教学资源共享系统、教学课程安排系统等。基于互联网的语文教学模式,教师不但可以通过网络进行授课,还可以备课、布置作业、批阅作业、在线答问;同样学生可以在线下与教师互动,答疑解惑。教师将上课的资料上传到教学平台上,让学生在课余时间既可温故知新,又可在网上完成教师布置的作业,且教师可以集中回答学生提出的问题。这种学习平台强化了语文教学中的实践教学环节,提升了学生听、说、读、写、译的综合能力,让学生真正体验到语言交际功能。

（三）"互联网＋"促进高职语文教学方法的革新

1."互联网＋"促进高职语文线下与线上教学方式的结合

"互联网＋"环境下,利用互联网工具和方法能够更快速获取信息,促使教学实施更加便捷、高效。教师可以利用多样的互联网工具制作丰富的、最新案例的教学课件,可以利用互联网沟通工具加强跟学生之间的互动,丰富教学活动的形式等。可以说,"互联网＋"促进了高职语文线上与线下教学方式的结合,两种方式优势互补,让高职语文教学内容更加丰富,促使教学效果的提升。具体来说,主要体现在以下三个方面:第一,"互联网＋"所提供的教学工具加速了教学教案、教学课件的制作,打破了传统的黑板教学的弊端,使教学手段得到更新;第二,"互联网＋"使得教师的教学方法更加丰富多彩,随着信息化的发展,产生了诸如慕课、翻转课堂等教学方法;第三,"互联网＋"打破时间和空间界限,让教学不再局限于教室,让学习者可以在任何地点、任何时间开始学习,从而促进教师和学生之间的教学交流,使得教学反馈也能够更加快速地被获取,以提高教学效果。

2."互联网＋"促进高职语文课堂师生互动与学生自主学习

自主学习就是要在教学活动中充分发挥学生的主体作用,激发学生内在的主体意识,把被动的学习方式转变为灵活主动的学习方式,在时间和空间上都给学生足够的自由来选择和内化学习的内容,使学生真正成为学习的主人。高职院校的学生在语文学习中存在的主要困难是缺乏学习目标和动力,而不良的学习方法直接导致学习效率低下。语文基础知识和能力的欠缺造成学生缺乏自主学习的兴趣和信心,对教师的依赖性大。教师应当科学、全面地分析不同的学生个体,给予针对性的指导,在帮助学生提高语文基础知识和语言能力的同时,树立其学习的信心和决心,让学生逐渐从被动认知过渡到主动认知,从而逐渐具备自主学习的能力。

在"互联网+"时代，教师可以借助现代化信息技术教学设备，将课程内容及补充知识制作成课件或视频，突出知识重点、难点，通过移动网络平台展示给学生；学生则利用课后时间通过观看课件和相关教学视频进行自主学习，并进行在线试题的自我测试，了解自己对新知识的掌握情况。学生也可以根据自己的语文基础，随时随地补充知识、调整学习速度、进行反复多次的学习和测试，达到课前熟练掌握教师课内知识点，减少课内紧张和害羞的心理，从而增加课堂师生的互动。

第二节 "互联网+"与高职语文教学融合的应用价值

一、推动建构信息化高职语文教学体系

传统的高职语文教学主要采取线下模式。这种教学模式可保证教学的有序开展，但容易使学生思维受制于教学环境和教学文本。为在保留传统教学优势的基础上提升教学效果，高职院校可以推广"互联网+语文"的教学模式，从高质量的线上教学平台引进各类精品公开课程，满足不同学情学生的学习需要。教师可以通过互联网的信息资源弥补线下课堂内容单一、模式老化的不足，通过充分利用互联网的资源整合功能共享线上精品课程和开发线下课堂的新型教学模式，优化大学语文课程教学，从而建构高效、信息化的大学语文教学体系。

（一）丰富的教学资源及便捷的共享平台

随着互联网教学的逐步拓展，网络上的教学资源越来越丰富，涵盖了语文教学大纲中所要求的知识点，集合了文字、图片、声音、视频、动画等多种多媒体形式，也包括教学课件、课堂录像、教案等海量的教学资源。丰富的网络教学资源为教师备课、教学提供了强大的信息资源库。学习者通过移动网络可随时访问教学资源。目前，各个学校都在着手建设网络教学资源库，这为各学校、各学科教师进行网络教学资源共享提供了便利。互联网平台为师生进行教学资源共享提供了多种形式的文件共享方式。师生通过网络平台将与教学相关的资源随时随地地进行转发和分享，这不仅有利于加强学生收集和处理信息的能力，同时通过学习资源的共享可以加强学生之间的交流与合作。

（二）促进新型师生关系的建立

建构主义学习理论认为学习是一个由学习者主动探索和发现的过程，由学习者本人来控制。学生的角色是教学活动的积极参与者和知识的积极建构者，而教师要成为学生

建构知识的积极帮助者和引导者。在互联网时代,丰富的网络教学资源在很大程度上消解了教师的知识权威,打破了传统的"一言堂"的教学模式,使学生的自主性地位得以凸显。因此,在信息时代背景下,我们必须重新审视师生关系。教师角色应当由传统的知识传授者转变为学习的组织者与引导者,建立起一种民主、平等、合作的新型师生关系。例如,在传统的文言文教学中,学生面对一篇难以理解的文言文通常需要教师逐字逐句地翻译,这样既费时费力又枯燥无味,难以实现良好的教学效果。但是在互联网环境中,学生可以随时随地通过移动设备查阅文言文相关注解及历史典故,完全可以进行自主学习。此时,教师的作用则是通过营造氛围、创设情境等途径使学生在自主探究的学习过程中学会学习,从而增强学习的针对性和帮助学生提高学习效率。在这一过程中,师生角色被重新定位,网络时代的新型师生关系便应运而生。

(三)增强师生互动

移动设备具备智能化、全天在线并且不受时空限制的优势。这种优势使师生交往互动的空间和时间都得到了极大的拓展和延伸,从而使师生之间的互动变得更加开放、多元和频繁。学生无论身处何地,都可以通过移动设备接通网络与教师和同学进行对话交流。教师可以充分利用移动社交平台进行课堂教育的延伸,创设全天候的网络互动教学环境,真正实现移动互联网与高职语文课堂的"全天候连接"。在互联网教学环境下,师生互动不仅是师生之间的语言互动,还是集语音、文字、图像等多种形式交流的师生互动、生生互动、人机互动。这种师生互动更加具有开放性,学生可以自由地甚至以匿名的方式参与到互动中,从而营造良好的互动氛围。

(四)转变语文教学方式及教学手段

在互联网环境下,学生学习场所不再局限于课堂,知识来源和教学内容也不再局限于教师和教材,学生可以随时通过移动互联网合理安排学习时间、地点和内容。其次,互联网把学生从孤立的学习个体中解脱出来,通过移动社交平台,不论是课上还是课下,都能够自由组建学习小组,通过小组讨论互相交流学习经验和成果,这为学生学习方式由单一的接受式向自主合作探究的学习方式转变提供了理想环境。互联网能够使教师及时掌握学生的学习情况,能够通过图像、文字、声音、动画等多种形式为学生创造出生动逼真的教学情景,刺激学生的视觉、听觉、感觉、知觉,有效地激发学生的学习兴趣与热情,也为教学方法的开展提供了有利条件。教学手段是指教师教学过程中所使用的工具或设备。传统教学手段主要指教材、粉笔、标本、黑板等。互联网设备和移动网络的介入使教学手段更加现代化和便捷化。智能设备中的传感器、麦克风、摄像头和丰富的手机应用软件为语文教学提供了强大的软硬件支持。教师完全可以把它作为一种辅助工具引入教学中来，发挥其巨大的应用潜力，利用互联网普及率高、功能强大、移动性强等特点实现教学资源的获取、教学信息的传递、"教"与"学"的互动交流等多种功能，从而提升教学效果。

（五）拓展语文教学时间和空间

拓宽语文教学内容、扩展语文教学时间和空间是语文教师的义务和责任。对于学生而言，语文学习不是一朝一夕的事情，需要长期地积累与沉淀。一般在课堂上所接受的知识是非常有限的，而语文学习真正的天地不是在课内而是在课外。互联网具有移动性、永久在线和虚拟化特点，使学习者打破语文教学时空界限。随着互联网在教育教学领域的深入应用，网络教学也成了现实。在MOOC（慕课）、微课、翻转课堂等新型教学模式下，学生可以自由安排学习时间和地点，有效拓展语文学习时间和空间，为非正式的语文学习提供条件。学生在课堂之外也可以随时随地接触到与语文有关的知识，在潜移默化中开拓知识面、提高语文学习水平。对于教师而言，移动互联网为语文教学搭建了移动化平台，使语文教学能够离开教室走出课堂向网络空间转移，实现教学场所的移动化和教学时间的灵活性。

值得注意的是，信息技术是一把双刃剑，教师应当客观地看待互联网给语文教学带来的影响，因为这种影响不仅是正面的积极影响，也存在着一些弊端。因此，语文教师应当科学、合理地利用互联网辅助高职语文教学，从而达到最佳的教学效果。

二、推动高职语文教师的专业成长

语文教师课堂教学技能的培养应是现代方法与传统方法的统一。在互联网背景下，教师课堂教学技能渗透了互联网要素，由此产生了新的变化，因此其培养的方法应该是现代方法与传统方法的统一。例如，导入技巧、语言艺术、提问技能等的提高，既要注重传统的方法如操练、训练、老教师的言传身教，也要使用现代手段如微格教学、语音复读、电视摄像、录音、计算机课件等手段来提高课堂教学技能。

（一）推动学徒制发展，提高示范教师的指导水平

学徒制活动是一种古老的教育教学活动。它往往是在真实的生活、生产实践中进行的。学徒可以通过顿悟和直觉习得那些难以言传但可意会的技能，可以习得未被师徒双方明确意识到的重要的信息。现今，学徒制活动已被赋予新的形式和内容。例如，为学徒的领悟提供方便，教师可以借助思维描述来体现自己的思维路径。在这个过程中，师

徒的角色扮演和角色互换来增强学徒的学习效果，通过一位熟练掌握了互联网、具备较高课堂教学技能的"师傅"教师，传授课堂教学技能给其"徒弟"教师，体现了指导教师的榜样作用，既能影响学习者的学习态度和动机，又直接促进其对这种技能的领悟。

（二）丰富学习方式，提高教师教学技能

学习方式分为外在学习与内省学习。外在学习是有主观价值目标的学习，而内省学习是指学习者在与知识元交互的过程中取得的一些思路。两种方式既彼此影响，又相互独立。若将外在学习与内省学习统一起来，以先"内省"、后"外在"的认知方式学习，其效果强于任何一种方式。互联网能够有效促进学生外在学习与内省学习的结合。学生具有丰富的学习方式，也是教师教学技能提高的重要体现。

（三）奠定技术支撑，完善教学子技能的掌握

加涅认为，智慧技能由简单到复杂包含四个层次，即辨别、概念、规则和高级规则。高一级智慧技能的学习须建立在对低一级智慧技能的掌握之上。这说明，学习课堂教学技能是一个逐级提高的过程。复杂课堂教学技能的学习往往要建立在相对简单的子技能的获得基础之上。互联网环境下，课堂教学技能可以分解成许多子技能，子技能之间形成一种层级关系。根据加涅的理论，在掌握低一级的技能后再学习高一级技能是学习课堂教学技能的关键。互联网时代的信息技术，为实施这种层级式的语文教学提供了技术支持，有助于教师教学技能的进一步掌握。

（四）营造良好环境，形成积极情感信念

情感在学习中具有十分重要的作用。互联网环境下，高职语文的教学技巧形成过程是一个情感沟通的过程，是语文教师的价值观念不断播散的过程。在已获得的课堂教学技能中亦应蕴含着丰富的个人情感。只有蕴含着丰富的个人情感的课堂教学技能，才能稳定、巩固下来。因此，互联网应用于高职语文教学能够为教师创造更加良好的教学环境，促进形成积极的情感信念。

（五）促进教学反思，提升教学效能感

反思在教师专业发展中颇受重视，它有助于教师成长。波斯纳曾提出一条教师成长公式："经验 + 反思 = 成长"。反思要做到坚持创作与高职教学过程密切相关的日志，对优秀教师的教学过程进行观摩、考察，对自身的教学体验进行实践与升华。教学效能感是教师根据以往经验及对教育理论的了解，确认自己能有效地完成教学工作、实现教学目的的一种信念。互联网环境下的高职语文教学能够促进教师进行教学反思，使教师及时发现语文教学过程中存在的不足，进而不断优化和改进，提升自身教学效能感。

三、促进学生自主学习能力的培养

（一）"互联网+"提供了生动形象的情境

利用信息化教学手段，创设生动形象的情境，能更好地激发学生自主学习的兴趣。传统的教学，也能用讲故事等手段创设情境，但这种刺激较单一，而互联网提供的外部刺激是多种感官的综合刺激。这对于知识的获取和保持，都是非常重要的。多媒体既能看得见，又能听得见，还能摸得着，可边看边动手操作，如增加图片后，所讲故事更生动。这样，通过多种感官的刺激获取的信息量，比单一地听教师讲课效果要好很多。如在语言教学中，各种信息化教学调动学生的视、听系统，使其多听、多看，通过图像、声音、色彩和动画等丰富多彩的信息，使其身临其境，感受鸟语花香、流水潺潺，从而强化视、听训练。

（二）"互联网+"模糊了师生界限，增强了学生自主学习的主动性

在"互联网+"的冲击下，教师和学生的界限也不再泾渭分明。互联网"互联互通"的特性，超越时空差距，沟通成本低，大大便利了人与人之间、学生与教师之间的沟通。在以前的教育生态中，教师是说一不二的绝对权威，是知识的象征，主宰着课堂教学的每一步，而学生的角色则是被动接受知识的。然"校校通""班班通"日益流行的"互联网+"时代，则完全颠覆了这一情况。现在学习者可以很方便、快速地从互联网、电视（特别是互动电视）、电台、手机、图书馆等处获得信息和知识，大大拓展了自觉培养自主学习能力的途径。学生获取信息和知识的时间和地点不再受到限制，家中、路途都可学习，休闲时可学习，工作中也可学习。在这种情况下，学生对于学习的时间、空间和内容有了高度独立的选择自由，自主学习就成了必然的高效率求知形式。

（三）"互联网+"创新"教"与"学"环境，有利于高职学生自主学习

在"互联网+"时代，各种传统行业纷纷向互联网进军。高职院校教育中也很适合利用互联网的先进技术和相关资源，弥补传统高职教育的各种短板，达到更好地培养高技能人才的目的。

在"互联网+"时代，教师可利用互联网相关技术，如远程音视频实时传输，集实际工厂、仿真实训环境和理论教学于同一课堂，将课堂理论知识和仿真实训、实训室实训以及实操等各环节紧密结合，消除以前教学中理论与实际操作脱节的弊端。同时，各种教学仿真软件的应用对高职学生熟练掌握各种技能起了良好的促进作用；仿真软件的使用，也大大减少了学生在实际工作中出错的可能。在高职教育的教学中，学生可在仿真软件或虚拟环境下模拟实际工作环境，待其操作娴熟后，再到实训基地和工厂操作相应的各

种设备。这样不仅不会损伤设施，也能快速、准确地解决问题。显而易见，这一过程能够逐渐培养、提升学生自主学习能力。

（四）教学评价的变化，有利于培养学生的自主学习能力

"互联网＋"会改变传统的课堂教学评价。如"智慧教室"系统中的"翻转课堂"，会自动拍录下教师和学生的全部学习过程。通过回放视频内容，教师可以反复观察学生，了解学生对每道问题的逗留时间、学生的团队协作等内容。这都增加了教师的关注面，很大程度地加深了教师对每一名学生的了解。为了强化对学生的精细化管理，校园网的云空间为每一名学生建立了个人中心，详细记录着他们的学习进度和过程，通过平台的大数据和智能算法，分析每名学生学习的具体情况，一方面让学生调控学习进度，另一方面可根据反馈及时定向推送适宜其个别情况的学习内容，实现"因情施教"，让学生花更少的时间达到更好的学习效果。

第三节　"互联网＋"与高职语文教学融合的路径

一、"互联网＋"与高职语文教学各个过程的融合

（一）电子备课：整合资源，掌握学情

备课是课堂教学中的基础环节，也是提高课堂教学质量和效果的重要环节。每位教师必须充分地备好每一堂课。备课不仅要备教材，也要备学生、备教法。传统的高职语文备课通常只是借助教辅资料对教材进行解读，对教学资源的利用不够充分，也缺少对学生学情的了解和掌握，因此不能准确把握、分析学生的认知水平而影响到下一步课堂教学的效果。而在互联网的帮助下，教师能够方便、快捷地整合教学资源，同时掌握学生的学习情况，扭转传统语文教学的不利局面。

1. 整合教学资源

由于在高职语文教学中，语文学科涉猎的内容广泛而丰富，单纯地依靠课本教材备课无法完成设定的教学目标，因此，教师不得不翻阅查看各种教辅资料，但教师手中的教辅资料十分有限，很大程度上限制了教师对教学资源的利用，而通过互联网可以随时随地搜索互联网上的海量教学资源，从而节省大量时间，也能提高备课效率。移动搜索软件为教师备课提供了有效的帮助和便捷的渠道。备课是一个持续的过程。教师有时会在某些因素的影响下突然迸发出灵感，这时也可以利用手中的移动设备将这些想法和灵

感快速记录下来,帮助教师随时整理教学资源。

2.掌握学生学情

建构主义认为,学生不是空着脑袋进教室的,学习的过程是新知识对原有知识经验同化和顺应的过程。因此,了解学生原有的知识基础对于教师讲授新课来说有着重要意义。备学生是指教师在上课前要了解学生原有的语文学科知识情况,方便及时调整教学策略。但是,长期以来由于时间和空间的限制,备学生实施起来有着诸多的困难,也没有得到足够的重视,在一定程度上影响了教学效果。而借助互联网平台,教师可以客观、迅速地掌握学生的原有知识水平。上课前教师可以利用互联网平台对学生的知识掌握水平进行测试,从而根据测试结果制订出符合大多数学生的教学计划,同时也可以对不同层次的学生制订专属的学习任务,实现因材施教。

(二)智能课堂:全新的课堂体验

课堂教学是整个教学工作的中心环节,也是提高教学质量的关键。互联网的出现,从技术上弥补了传统高职语文课堂中的一些不足。

1.创设情景

情境认知与学习理论认为,情境是一切认知活动的基础,因此教师应当在教学的过程中积极创建学习情境,以帮助学习者学习。传统的情景创设需要耗费大量的人力、物力资源,甚至有些时候某些教学情景是无法在现有条件下创设的,而在移动互联网环境下,教师可以利用手中的移动设备随时获取多种形式的教学资源(动画、图片、影视等)创设出直观、逼真的教学情景,最大限度地激发学生的学习兴趣。在移动互联网环境下,教师可以组织学生根据课本内容通过移动设备搜索课文内容相关的风景、人物、生活等各类图片、动画等学习资料,并且在课堂上予以展示。这种方式极大地丰富和扩展了情景教学法的使用。

2.配乐朗读

在语文教学中,读是一种重要的语文能力,是文字语言的有声化情感表达,对学生理解课文内容起到了重要的推动作用。配乐朗读不仅能够帮助学生更正字音,把握文段的语气语调、节奏停顿,也能使学生在音乐的感染下,迅速投入文章情景,理解作者情感,提升情感体验,在激发学生阅读兴趣方面起到了重要作用。在互联网的环境下,学生可以一边随着音乐的节奏动情地朗诵。这样,枯燥的语文课堂瞬间就变成了一场美妙的音乐会。学生在背景音乐的环境下不仅深切感受到诗歌营造的美轮美奂的意境,还能熏陶个人涵养,加深对语文知识的认知。

3. 小组合作

无论是建构主义学习理论还是人本主义学习理论都强调学习是一个与他人共同建构的过程，只有在合作交流的学习环境下才能获得更好的认知。因此，小组合作是学习者进行知识建构的重要学习方式。在传统的语文课堂中，由于大多教学资源被掌握在教师手中，学生与学生之间缺少必要的合作交流。互联网在为学生学习带来丰富的学习资源的同时，营造了多元化的交流方式。在移动网络环境下，学生可以通过微信群建立讨论小组针对某一问题进行自由组合、交流合作。这种形式打破了座位的空间分布限制，为学生搭建一个自由交流合作的学习环境。

4. 课堂测验

课堂测验的目的是检查本节课某一阶段的教学目标的完成情况，通过测验及时反馈、发现并解决学生学习过程中存在的问题，因此及时、准确的反馈结果在优化课堂教学中起着重要的作用。在传统教学中，教师无法及时得到准确、全面的反馈结果，但是在互联网环境下，教师可以利用智能答题软件实时掌握学生的学习情况。当讲授完某一个知识点或进行完某一教学环节后，教师可以使用答题软件给学生布置一些随堂测验题，随后，学生立即在自己的移动终端作答。答题完毕后软件系统自动将统计全班学生正确率、错误率等数据，而这些数据马上就呈现在教师的手机上。有了这些数据，教师就可以及时掌握学生学习过程中存在的问题并进行针对性地讲解，进而及时调整教学活动。

（三）课后辅导：全时在线互动交流

课后辅导是课堂教学的必要补充。课后辅导不仅要面向全体学生，更要关注学生的个体差异，要针对不同学生的状况，提供不同的辅导方案。那么，此时就需要一个师生课后交流互动的平台。移动社交软件将有效帮助教师随时随地对学生进行课后辅导，摆脱了时间和空间的限制，真正使语文教学不再局限于课堂上，实现互联网与语文教学的全天候连接。目前，众多的移动社交软件满足了个性化辅导的需求，不仅为教师课后辅导提供便利，也为师生交流互动提供了良好的沟通平台。

（四）课外拓展：便捷的学习渠道

课外拓展是课堂教学的延伸，是教学工作的有机组成部分，对于语文知识的学习和积累有着重要的作用和意义。高职语文具有涉及范围广、知识结构复杂等特点。互联网为学生的非正式语文学习提供了非常便捷的渠道，使学生可以随时随地进行课外阅读和学习。

1. 网络学习

在倡导终身教育的今天，语文教师更需要注重非正式学习的作用。互联网为非正式语文学习提供了广阔的网络学习空间和丰富的教学视频资源。随着大规模、开放式在线教学 MOOC（慕课）的兴起，一些视频教学应用软件被迅速开发。通过这些视频教学软件，我们可以轻松获取丰富的优质教学资源。

2. 课外阅读

在语文教学中，课外阅读不管是在培养学生阅读能力上，还是在扩展学生语文知识面上，都是一种行之有效的教学途径。因此，安排定量的课外阅读显得尤为重要。电子阅读软件为学生提供了海量图书资源，并且支持多种阅读格式，为学生进行课外阅读提供了极大的便利。

总而言之，互联网为高职语文教学提供了全新的教学手段和理想的学习环境。在高速的网络环境下，依托智能设备和移动应用软件所进行的语文教学有效提升了教学效率，充实了教学内容，促进了教学目标的实现，也满足了学生的学习需求。

二、"互联网+"与高职语文教学融合的原则

（一）联通性原则

联通性原则是指云计算、移动互联网等新一代信息技术的出现，为教育创设了物联化、智能化、泛在化的教育信息环境，实现了教学主体、教学环节互联互通。一方面，教学主体互联。"互联网+"背景下的育人模式强调家校合作，协同育人，伴随"云、网、端"互联互通的智能教学常态化，通过智能移动终端连接学生与教师之间的沟通渠道，实现师生互联。另一方面，教学环节联通。课前预习和课后巩固是高职语文课堂教学有效开展的基础。基于互联网的语文教学有利于将课堂内外串联形成完整的教学回路，保障教学行为的持续性。教师通过学生课前预习的情况精准定位教学疑难点，诊断课堂教学的生长点，而学生通过课后作业促进对课堂知识的吸收。因此，基于"互联网+"的教学模式设计要将师生的课内外教学活动进行串联，形成畅通的回路。

（二）开放性原则

开放性原则是将高职语文课堂教学看作一个整体，而整体的发展必须由封闭状态走向开放状态。课堂教学可看作一个系统，如果一个系统要保持长期的稳定就必须保持其开放性，吸纳外界环境中的新信息、新理念。首先，教学途径开放。语文学习无处不在，有语言场景的地方就可以开展学习。互联网在高职语文教学中的应用，可以灵活采用线上线下相结合、自主学习与合作学习相结合、正式学习与非正式学习相结合的学习方式，打破学校和课堂的限制，为师生提供多种教学路径，促进学习过程的高效完成。其次，教

学资源的开放。教学资源不只局限于固定书本、教师、图书馆等有限的学习空间内。伴随网络的不断发展,语文教学资源不再局限于传统教材资源。开放、共享的网络资源,例如微课、配音视频、电影等资源形式,成为学生无限延展信息的接收源,使课堂逐渐向社会、网络领域延伸。因此,要不断挖掘网络资源的开放性、共享性和生成性潜能,在课堂教学中,充分利用开放的优质互联网资源,实现课内资源与课外资源、教材资源与网络资源的整合应用。

(三)交互性原则

交互性原则是指教学过程遵循多元教学交互,语文教师采用多种教学方式开展互动教学,学生利用互联网教学平台、资源开展交互式学习。第一,师生教学交互。语文教学需要进行大量的语言输入与输出,反复进行语言应用练习以强化语言表达能力,特别是口语表达需要在与他人的交流互动中进行。因此,高职语文教师在教学过程中尽量使用讨论式、谈话式、探究式、小组合作式等能够使学生得到口语训练的方法,通过提问、引导等方式帮助学生思考问题、表达自己的想法;学生之间进行交流合作,学生以小组协作或团队竞赛的形式进行学习,团队成员通过协同交互以达到共同的学习目标。第二,信息技术交互。丰富的教学资源是语言学习的基础。借助互联网开展基于资源的学习,为师生提供了更多人机交互的机会。师生在教学过程中需要接触多种数字化平台及资源,利用数字化平台及资源开展自主学习、探究式学习、合作学习。师生在教学活动过程中与智能设备进行教学交互将趋于常态化。

第四章 高职语文教学模式创新

第一节 基于微课的高职语文教学模式

一、微课的含义与设计原则

（一）微课的含义

微课指的是教师将课堂上需要学习的知识点通过视频的形式为学生展示出来，利用短视频完成信息化教学[①]。微课（Micro Teaching）最早起源于1969年，也被称作微型教学，即在5~20分钟的短教学时间内尝试做微小型课堂教学，教学对象为少量学生，并录制整个教学过程，用于课后分析。之后，随着微课的发展，"微课程（Micro-lecture）"开始兴起，其最早始于美国北艾奥瓦大学（University of Northern Iowa）的勒罗伊·A.麦格罗教授于1993年所提出的60秒课程（60-Second Course）。麦格罗教授希望可以向非本专业的学生科普有机化学的常识，但是由于当时教材的篇幅普遍偏长，连化学相关专业的学生学习起来也不是一件容易的事。因此，麦格罗教授提出60秒课程，并应用于一些非正式场合，为大众普及化学常识。他将60秒课程设计成了3部分概念：引入（General Intro-duction）、说明和解释（Explanation and Interpretation）和结合生活列举例子（Specific Example-The Chemistry of Life），因此，其他领域的专家借鉴了类似的方式普及自己的专业知识。

微课教学的目的是实现更具针对性的教学，激发学生的学习兴趣，增强教学效果。将微课应用到教学中有利于简化教学内容，有利于学生理解、掌握知识点。教师在授课过程中可以将重点、难点拆成不同的视频进行辅助教学，引导学生完成主动学习。微课能够将学生当作教学主体，内容精练，通常只针对一个问题，能让学生更有层次地理解教学内容。此外，需要注意的是，微课并不是利用在线视频完成教学，而是利用在线视频

---

① 李雪.微课在高职院校大学语文教学中的应用研究[J].江西电力职业技术学院学报，2020，33（4）：59-60.

辅助教学。它能改善教师的引导和教化能力，增加师生之间的互动，激发学生的学习自觉性。

（二）微课的设计原则

1. 短小精悍原则

短小精悍是微课的一大特色，首先微课视频要短小，内存不能太大，时间在 6~10 分钟较为适宜，方便学习者根据自己的时间安排随时调整观看；其次是教学内容的选取要精练，既要是教学对象的易错点，也要是在语文教学中经常使用的知识点，教学点不可过于冗杂，不应让学生产生负担感。

2. 多样性原则

微课不同于传统教学，需要教师使用多种教学方法、调用多种教学媒介，形成多感官刺激，从而吸引学习者的注意力，调动学习者学习兴趣。微课还应涉及多样的教学内容。不同于新课教学，单一的教学内容不能满足学习者的学习需求。课后辅助微课要在复习教学难点的同时，丰富教学内容，拓宽、深挖知识点，展示多样的教学内容。

3. 交互性原则

教师要遵循交互性原则，时刻注意引导启发学生思考，让学生积极主动地参与到微课的学习中，做学习的主人。微课作为一种自主学习的教学资源，学习者的参与感非常重要。教师切忌"满堂灌"，要经常与镜头互动，预留学生的思考时间。

二、微课在高职语文教学中的应用价值

（一）教师层面

首先，微课的应用可以提升高职语文教师的教学效率。随着网络大环境的不断发展，教师也应该不断提高自己的教学水平，不再拘泥于传统的教学手段，使语文课堂不再单纯地围绕粉笔、白板[①]。微课出现后，学生在教师的引导下能够在更短的时间内抓住学习重难点，对知识点的梳理也会更加轻松。另外，微课还可以渗透到学生课下作业辅导，更加有针对性地拓宽学生知识面，使课堂教学效果提升明显。其次，微课可以提升高职语文教师对教学辅助工具的应用水平。微课时间虽然短，但是其中包含的知识量却巨大。从选题到设计制作，每一步都需要教师反复思考，除了最重要的知识点教学目标之外，学生的心理、学习习惯、认知能力等内容也都需要教师准确掌握。教学从课堂导入到讲解知识，每个环节都要做到万无一失，各个部分都需要完美衔接。在此过程中，教师既熟悉

---

① 霍亮. 微课在高职语文教学中的有效运用探究 [J]. 科教文汇（上旬刊），2020（9）：131-132.

了学情与教学重难点,又提升了制作视频微课的专业技能,文字处理、动画编辑等专业技能,驾驭互联网的能力迅速提升。最后,微课还可以帮助高职语文教师进行教学反思。教学反思是教学活动中十分重要的一环。评课就是教学反思中很有效的一种方式,可以通过自评或者他评的形式进行。自评需要教师不断反复观看自己制作的微课视频,在观看中可以找出自己的长处与不足。除此之外,高职语文教师还可以询问微课使用者的意见与反馈,也就是他评。通过他评,教师与其他使用者进行交流互动,进行实践研究与反复沟通,从而进行自我批判与反思。这种虚心采纳建议的过程会让教师的教学水平有所提高,从长远来看,有助于个人教学事业的发展。

(二)学科层面

语文学科具有自己的独特性,因此语文课堂的教学与其他科目相比较也要有自己的特点。这就要求高职语文教师在课堂教学中要注重对学生文化底蕴、人文素质的培养。语文内容广泛,仅仅靠课堂上教师教授的有限知识是远远不够的,还需要学生在课下广泛地阅读、写作来增加自己的语文知识。语文相较其他理工科类科目,知识的关联性很大,字、词、句逐层深入,一环扣一环,对基础知识的要求较高,学习特点比较散落、零碎,而微课可以将这些部分集中整合起来,构成提升语文素养中不可或缺的一环。

另外,微课学习资源的种类十分丰富。教师可以利用课件录屏完成视频制作,也可以应用其他渠道的视频、音频,或是直接从已有的学习视频中剪接、融合其他图片、字、音乐,进而制作新的学习资源。学习资源的不断补充和完善,无疑有利于语文教师加强语文学科建设,提升语文学科的核心竞争力。

(三)学生层面

微课教学能够激发学生的学习兴趣,改善课堂教学氛围,提升学生的自主学习能力。学生可以根据自身的学习程度选择适合自己的教学内容,进而有选择性地完成学习任务。微课资源能够帮助学生复习知识,反复加深对知识点的印象,充分理解、掌握没有完全吃透的知识点。课堂上的学习时间是有限的,并不能保证学生立刻理解、掌握新的知识点。反复复习微课学习资源,能让学生更好地掌握知识点,也能扩充知识内容,打开学生的学习视野。

三、基于微课的高职语文教学模式实施策略

针对高职语文教学存在的教学模式缺乏亮点、教学方法过于陈旧、教学存在"问题盲区"问题,可以将微课融入高职语文教学的全过程中,作为一种教学策略贯穿于教学

的"课前、课中、课后"三大环节(见图4-1),并针对具体知识的不同特点,灵活选择实施方式,实现对现有问题的积极突破。

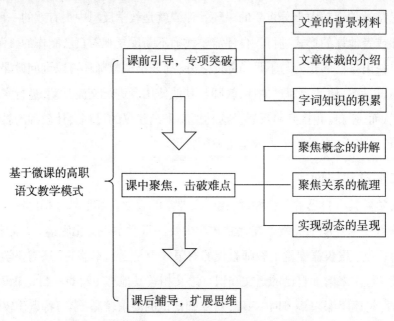

图4-1 基于微课的高职语文教学模式实施策略

(一)课前引导,专项突破

微课在高职语文教学中的第一个应用方式是将微课教学用于"课前引导",实现"专项突破",让学生在课前通过微课学习,为课堂教学奠定基础,为课堂上的自由讨论提供支撑。

1. 文章的背景材料

在高职语文的教学过程中,会有大量的课文背景材料,主要包括文章作者的基本情况、文章作者的个人经历、文章创作的时代背景等。这些材料如果放在课堂讲授,比较占用时间,而且效果不佳,但如果采用微课的方式,就可以利用图片、视频等方式,生动形象地进行介绍,不但可以引发学生的学习兴趣,而且有利于学生反复观看和课后复习。教师可以针对不同文章的背景材料,采用相关的图片和视频,并结合文章的主人公进行微课设计,让学生在课前观看,实现学生对创作意图这一教学难点的理解与突破。

2. 文章体裁的介绍

高职语文课程,通常会按照文章体裁来进行课文的设计与归类,因此在每一单元前,如果可以用微课的形式向学生介绍这一单元课文所属的文章体裁,那么将有利于学生形成对这一单元的整体认识和概念划分。文章的体裁具体包括记叙文、说明文、议论文和应用文。语文教师在进行文章体裁介绍的过程中,可以结合所教学生的专业进行设计与教学，从而加深学生对高职语文学习重要性的认识，并能将所学内容与个人专业紧密地联系起来，为日后的工作奠定基础；在讲解应用文写作的相关板块时，还可以与专业的人才培养方案相结合，让教学服务于人才培养，利用微课将应用文中的相关文种进行重新包装，通过微课让学生认识到此文种与自己未来工作的关系。学生通过课前观看微课，在课堂上完成课堂写作、交流与分享等多种课堂活动。这样的教学方式不仅可以提升学生的自主学习能力，而且可以让教师在课堂上为有写作困难的学生提供过程性帮助，实现差异化教学。

3.字词知识的积累

高职语文教学中，会时常伴随着大量字词知识的讲解，具体包括现代文中偏僻字的拼音、复杂的字义、不常用的词语解释、引用的经典诗句，以及文言文中的古今异义、词类活用等琐碎的知识点。这些细小的知识点看似微不足道，实则十分重要，它们对学生能否顺利地理解文意、疏通句意发挥着重要的作用。这些知识点的教授，完全可以通过微课形式在课前进行呈现，帮助学生在课前清除知识障碍，课上便可实现无障碍地顺畅学习。

（二）课中聚焦，击破难点

信息化教学的根本出发点是要能够解决教学中遇到的问题，因此，在高职语文教学设计的过程中，微课策略还可以运用于"课中"环节，这样不仅能够"击破难点"，并且可以使课堂的教学方式实现多样化和丰富性。

1.聚焦概念的讲解

高职语文教学中，会涉及大量的概念性知识，如修辞手法知识、说明方法知识、语言类知识等，而这些概念的讲解贯穿于课堂教学之中。针对这些概念知识，如果采取微课的形式进行讲解，可以聚焦难点，精准突破。比如，在《荷塘月色》这篇文章中有这样两句话："微风过处，送来缕缕清香，仿佛远处高楼上渺茫的歌声似的""塘中的月色并不均匀，但光与影有着和谐的旋律，如梵婀玲上奏着的名曲"。这两句话运用了"通感"这一修辞手法，因此教师在讲解这两个例句的过程中，必定要向学生讲明"通感"这一修辞手法的概念、特点，以及其与比喻和拟人的区别。所以，教师从学生的认知基础出发，可以对此进行微课设计，运用视频和图片的动态展示，为学生深入浅出地讲解"通感"的概念、通感句式的特点，以及通感与比喻、拟人之间的区别，帮助学生全面地认识这个概念，从而达到对重点句子的理解与掌握。

2.聚焦关系的梳理

高职语文的语言类课程中，大量的知识之间存在着错综复杂的关系。在课堂教学中，关系的梳理是教师的一大难点,而微课和思维导图的结合可以很好地解决这一问题。面对语言类课程知识点之间的关系,传统的教学方式只能单一地对其概念进行讲述,无法为学生展示出立体化的全面辨析图。因此,语文教师可以尝试运用思维导图教学法进行微课设计,具体步骤如下:首先,运用思维导图软件制作出相关知识的关系图;其次,将制作好的思维导图按分支层次生成 PPT;最后,将 PPT 录制成微课,进行动态展示。这个微课的设计融入思维导图的理念,让学生可以在动态的展示中层层递进,将所学知识的联系逐步建立起来,最终形成一个立体化的全方位认识,这是传统教学所无法带来的学习体验。

3. 实现动态的呈现

"理论性强、动态性弱"一直是困扰高职语文教学的又一难题,尤其体现在课堂教学中。如何让一堂课"动"起来、"活"起来,是教师面临的困惑。而微课策略的运用,可以很好地改善这一困境。教师可以利用微课,让课堂教学中的一些环节或知识实现"动态化"。教师利用信息化手段,运用动画、歌曲等方式,将枯燥的理论知识生动地体现在微课中,让学生在课上通过观看微课,实现趣味学习,在充分调动学生学习积极性的同时,实现对知识难点的突破。

(三)课后辅助,扩展思维

微课在高职语文的课后扩展环节中同样发挥着重要的作用。语文教学不应局限于课堂的内容中,还应该对课堂的教学进行适当的延伸,而微课的存在可以很好地帮助教师完成这一教学环节的设计。教师可以利用微课为不同专业的学生制订出相对应的课后扩展练习。在高职语文的写作练习中,教师可以在微课中先为学生讲解清楚相关的写作方法和格式,再为学生提供一个简单的仿写练习,帮助学生建立写作的信心,最后让学生发散思维自己进行创作。这样不仅可以完成对课堂教学的延伸,而且学生可以在课后进行反复观看及写作练习,使得课后扩展环节的表现手法生动起来,从而较好地提高学生参与的积极性。

综上所述,对教师而言,微课教学策略在高职语文教学中的实施,极大地改善了语文教学中存在的问题,提高了教学方式的丰富性,做到与时俱进。针对现代高职学生的特点,教师的理念转变是对教学质量的最大保证,是对学生学习的最大关怀。适应学生的学习方式,才是最好的教学方式。因此,短小精悍的微课无论是从形式还是内容上,都是教师最好的教学助手。对学生而言,微课的运用无疑会为传统的语文课带来一抹靓丽的色彩。通过微课,学生会对高职语文建立起全新的认知模式,会以新的角度、新的方式参与到高职语文的教学过程中,会持续地保持学习的新鲜感,会愿意为之付出时间和努力。

四、基于微课的高职语文教学注意事项

（一）微课的设计要以学生学情为依据

学情是一切教学设计的出发点。微课的设计，要充分以学生学情为考量。高职学生基础较为薄弱，且个体间的语文基础相差悬殊，因此，教师在微课的设计上，适宜将较为简单、便于识记、容易理解的知识设计为微课的内容。而对于需要反复探讨、深入理解和体察感情的知识点，教师将其设计为课堂教学内容更为恰当。另外，微课的设计，还应该以学情为依据，以更好地调动学生的学习热情为抓手，充分发挥微课的优势，最大限度地确保学生学习的积极性。

例如，在实际教学中，高职语文教师将文学常识、生字词识记等知识设计在微课当中，在节省课堂时间的同时，能方便学生个性化学习。另外，在文言文的教学中，教师课前通过微课对重点释义进行讲解，课上让学生自行讲解，以学情为出发点，打破传统文言文教学中以讲授式为主的教学模式，增加学生对课堂的参与度，解决传统课堂中学生注意力难以集中的问题。

（二）微课的安排要与课堂教学相结合

微课应用于高职语文教学，不是独立、自成体系的闭环，而应该是与课堂教学内容紧密结合的共同体。教师在课前微课中，展示文学常识、名家泛读，就是为课堂教学服务的，通过微课为学生在课堂中更好地理解课文、更充分地欣赏课文打下基础。在课堂教学中，面对课堂上学生对一些涉及其他学科的知识产生的疑问，教师可以抓住契机，在课下微课中安排相关学科学习视频，这也是微课服务于课堂教学的结果。将课上迸发的思想火花延续到课下，通过微课的补充，使得课堂教学有回馈，有落实，有进一步的引导和激发。课堂上生成的意外是思想火花迸发的珍贵资源。著名教育学家叶澜曾说："课堂应是向未知方向挺进的旅程，随时都有可能发生意外的通道和美丽的图案。"注重课堂的生成性，将微课内容与课堂教学相结合，才能发挥微课与课堂教学各自的优势。

微课的魅力，蕴藏在与课堂教学的不断对话中。微课与课堂教学相互渗透，便于更高效地利用教学资源，促进学生语文素养的提升。

（三）微课的内容要以不同文章的文体性质为考量

微课应用于高职语文中不同类别的文体教学，要灵活处理，不能一概而论。比如，对于散文的教学，微课的主要任务是课前对作者及写作背景的介绍、对重点字词的解析、对所涉及的修辞手法的讲解，这样使得课堂上师生有更充足的时间来共同探讨、体悟文章；

对于诗歌教学,微课的主要任务是通过课前对诗词文学常识的讲解、相关典故的讲解、范本的配乐朗诵,为师生课上鉴赏诗句、领悟主旨奠定基础,课后通过微课拓展资料延伸学生对诗词的热情;对于小说和戏剧教学,由于篇幅普遍较长,微课对重点字词的注音及解析,可以为学生在课上分析文章节省大量时间,鉴于小说和戏剧的故事性,鼓励学生课下将情节录制成短片,又能增加教学的趣味性;对于说明文教学,微课将说明文知识应用于说明文分析之中,要把识记性知识放在课堂前,把应用性知识放在课堂上,就能更好地提升学生的说明文阅读能力;对于文言文教学,微课重要的任务,是加强学生对文言文学习的参与度,从而帮助学生真正理解文意、提高翻译能力。

微课,不是生搬硬套加入教学体系的产物,而是根据教学需求灵活调整的资源,只有结合不同文章的文体性质,取舍适当地选材,灵活多变地运用,才能达到理想的效果。

(四)微课的实践要彰显高职语文教育特色

将微课融合于高职语文阅读教学的实践,就是要充分考虑到高职语文教育对学生特殊的职业要求,体现语文的实践性及应用性,注重教育内容与学生职业生活的联系,并在教学的过程中注重学生职业道德、职业精神、劳动精神和工匠精神的培养。

通过将微课应用于高职语文教学,教师可以将课堂上大量的宝贵时间节省出来组织学生活动,加强学生对课堂的参与度,给学生更多的机会锻炼语言表达能力,增强学生对语言的实践与应用。通过课后微课的设计与布置,教师在帮助学生举一反三理解学科内容的同时,渗透给学生认真、严谨的职业态度,培养学生乐于钻研的职业精神。

(五)微课的应用要注重及时的过程性评价

微课,在一定程度上将学习从线下转到了线上。微课学习的移动性和自主性既是微课的优势,也是教学的挑战。纷繁复杂的网络资源,对高职学生学习的自控力来说,是一个巨大的考验。及时的过程性评价是保证学生学习过程真实有效的重要前提,是确保微课顺利开展的重要基础。

学生微课学习所依托的网络平台需要为过程性评价的实施提供支持。网上能够放置微课的相关平台有很多,只有实现监控学生观看进度,记录学生学习情况,实现过程性评价的需求,才能确保学习的有效、有序进行。所以,教师应选择互动性的学习平台开展微课教学。通过优质的互动教学平台,学生的微课观看数据、习题完成情况能够及时被教师了解并掌握,教师能够及时给出过程性评价。这样既能够增强学生学习的积极性,又方便教师科学、准确地掌握教学信息,调整后续的教学安排。

（六）微课的体系要保证教学过程的完整性

高职语文微课教学，应该是一个包括引入、讲解、总结、练习、反馈的完整的教学过程，从而实现知识的构建、内化、掌握、迁移与创新。所以，微课不能只作为视频文件单独存在，必须有与之配套的练习、反馈等资源共同形成一个完整、有机的教学体系。

对于高职学生来说，知识也只有通过练习和反馈，才能更好地被内化和吸收。在微课教学当中，教师对每一个微课知识点都设计与之相关的练习，使学生能够通过完成练习保证学习的真实性，反馈学习情况，加深自己对知识的理解，并真正将知识内化。

第二节　基于慕课的高职语文教学模式

一、慕课的定义

加拿大爱德华王子岛大学的戴夫·科米尔与国家人文教育技术应用研究院的布莱恩·亚历山大最早提出了"Massive Open Online Course（MOOC）"的概念。中文译为"大规模网络开放课程"。在我国，华南师范大学焦建利教授依据 MOOC 的目的和特征，将其形象音译为"慕课"。慕课可以免费为求学者提供平台信息资源，并且随时开放，这是慕课的一大特征。慕课在我国的普及最早是在 2013 年，最先应用于高校课堂教学。诸多名校均与慕课供应商签署了协议，随后慕课教学平台开始逐渐普及。学生通过这个平台可以吸收到更加多元化的理论知识，以及一些相关专业的学习技巧等，通过与不同地域和年龄的学生和教师的交流可以进一步拓宽视野。学生通过互联网可以足不出户就接收到来自世界各国的最新信息，可以与不同学生来探讨关于专业知识的不同见解，在学习的过程中激发出更多的潜能。2010 年 8 月，微软巨头比尔·盖茨在世界经济合作与发展论坛上就曾经做出预言："未来 5 年，网络将成为最好的学校。"①

慕课，是社会发展下的特定产物。在高科技不断发展的背景下，慕课已经和高职院校教育密不可分，并且相应提高了对高职院校的要求。在信息化时代，高职院校教育者需要更新自身理念，进一步提升教学水平。新生事物的出现通常会引发激烈的讨论，而慕课平台的诞生也是如此。慕课与数字化时代的发展相符，并且能够适应高职学生的学习习惯，所涵盖的内容也较为丰富，所以对现在的高职院校的教学模式转变必有影响。

随着"互联网＋教育"理念的提出，慕课逐渐成为各大高职院校教育信息化改革的

---

① 张志宏. 微探基于联通主义的慕课［J］. 中国技术教育装备，2013（24）：19.

重点,一方面,组织本校教师学习国内外著名院校慕课教学视频,提升教师个人信息化教学素养;另一方面,升级本校信息化教学设备,利用平板、线上教学平台来推广 MOOC 教学模式,让学生逐渐适应这种新的学习方式,培养学生良好的信息化学习习惯,提升高职信息化教学质量。具体到高职语文学科当中,首先,高职语文教师要立足教材,搜集慕课平台上优质教学资源,把高质量的微课、教学设计融入自己的教学中,提升备课质量;其次,教师要组织学生集体观看慕课平台上优秀的教学视频,让学生享受到更为优质的教学资源,提升高职学生的人文素养和学习能力。

二、基于慕课的高职语文教学优势

(一)教学资源更加丰富

互联网是对各种资源进行广泛搜集的主要渠道。慕课教学就是利用互联网的便捷,将整合好的资源发布在教育平台上。师生在课余时间都可以通过上网,从网上获取教学资源。慕课平台,可给予学生个性化的服务,使其掌握海量信息。同时,学生也能够通过慕课平台找到多种资料,在获取学习资源时更为便捷。为满足慕课平台的实际需求,学校可适当提升硬件条件,让更多的人享受到在线学习的优势。慕课的教学模式让学生学习语文的空间有所突破,并且学生也有了更多的时间自主进行学习,学习动力明显提升。

(二)学习模式更加便捷

教师可以将互联网作为媒介,以此进行信息传输。慕课平台可以向所有的学生开放。学生只需要登录相应网站,就可以开展学习。传统的教学模式被新兴的教学模式打破,学生的学习也变得更加便捷。师生还可以利用慕课平台实现在虚拟空间的在线交流。学生可以评论或留言、自由讨论,以便教师在线上随时为学生答疑解惑。慕课还为高职学生提供了更多自主学习空间。学生可以在手机上浏览自己感兴趣的课程,方便他们利用碎片时间来学习。例如,学生可以线上浏览语文名师对唐诗、宋词的鉴赏讲座,感受古典文学魅力,开阔个人的学习视野。

(三)学习兴趣更加浓厚

由于现代学生思维更加活跃,新媒体、线上教学和"互联网+"等新兴教学方式对他们具有一定吸引力,慕课正好满足了他们信息化的学习需求,更有利于激发高职学生的语文学习兴趣。高职语文教师要灵活运用慕课平台,树立"互联网+"教学思维,利用开放性的交互式平台,把优质的语文教学资源融入课堂,运用智能化线上直播教学来提升课堂教学活力,为学生营造更加和谐的学习环境。在彼此的相互交流过程中,学生对于语文知识的了解会更加深入,对语文学习的兴趣会更加浓厚,学习的效率也能够得到明显提升。慕课可以将学生内在对语文的兴趣最大化地激发出来,让学生可以按照自身喜好来选择相应的典故,以此来拓宽知识面。

(四)有利于打造高职语文"金课"课程

随着我国"双高"建设战略的提出,高职院校迎来了新的发展机遇。语文教师要立足学科特点,借助慕课平台,打造一批高职语文"金课",提升高职语文教学水平,发挥出高职语文育人优势。例如,教师可以浏览北大语文教学视频,分为中华古诗词、现代散文、古典名著等模块来开发"金课",精心制作微课、思维导图和课本剧等课程资源,让慕课延伸到备课、教学和评价环节,方便学生随时随地学习语文知识,全面提升学生人文素养和语文核心素养。

三、基于慕课的高职语文教学模式应用策略

(一)信息技术背景下教师的专业成长

教师是决定教学成功与否的关键因素。就高职语文而言,语文教师的专业发展将是制约语文课程改革成败的关键因素。现在的时代是科技和大数据的时代。现代信息技术飞速发展,不仅促进全球经济发展,也在不断改变着人们的工作、学习、生活方式。基于多媒体技术和现代信息技术的慕课与高职语文课程进行整合,会对语文教师专业化发展提出更高的要求。

语文教师要具备基本的职业道德和业务素质(包括本学科知识结构、能力结构、相关心理素质等方面)。语文教师应该树立"终身学习"的教学理念,为专业发展打下坚实基础。教师在教学工作期间应该坚持学习,通过大量读书、思考,从书中获取有效信息,以扩大知识面,提高本学科专业能力,加深对不断更新中的教育理念与技术的理解,最大限度地满足学生在课堂上对各种知识的渴求。语文教师应该不断学习新技术,学习先进的教学手段。慕课平台上拥有大量优质的人文知识课程和教育资源。教师应该以开放包容的姿态接受慕课,积极参与到慕课的学习中,不断从中汲取新的知识,提升自己的学科专业能力,为课堂教学打下坚实基础。

除了不断丰富学科专业知识之外,教师还应该在实际教学过程中不断提升自身信息素养。提升教师信息素养的前提是尊重和肯定教师在教学信息化中的重要地位,进而激发教师在教学信息化中的主动性和积极性。处在网络时代,教师应该丰富并更新教学方法和手段,掌握现代教育技术,采用新技术来组织和实施教学。比如,教师利用微博、微

信等上的文字、图片信息，以及慕课、微课等视频课件等多种形式，来展示自己教学和科研成果。所以，新时代教学技能的核心构成要素之一是教师对于各种新教学技术的设计和开发能力。教师应该根据学科课程的特征，有选择地使用合适的教学技术媒体和工具来设计教学过程。这就要求教师要熟练掌握各种技术硬件设备的操作和使用技能。同时要求新时代教师应该掌握设计和开发电子化教学材料的能力，这就要求教师通过各种渠道（如行政推动、培训指导、制度建设等各种管理与保证机制的确立）进行技能培训。

另外，增强教师的文化自觉意识。教师的文化自觉是教师专业发展的"内动力"，而总结、传递人类文化成果是教师的基本职能之一，是传承的主体。因为教师的存在，人类长期创造的宝贵精神财富才得以继承与发展。教师在履行自己的文化职责过程中，通过不同渠道不断获取丰富的资源和文化信息，取其精华，去其糟粕，进行有针对性分析和整合，并将其运用到课堂实践中，从而实现教师的文化自强，提升教师专业发展过程的有效性，经过积淀形成独特的教师文化气质。

慕课具有个性化的特征，让其与高职语文课程进行整合，可使学生真正成为学习的主人，也符合课程改革提倡的自主、合作、探究的学习方式。因此，基于慕课的特性和语文课程理念要求，把慕课与高职语文课程进行有效整合，语文教师不仅应该从技术层面不断提升自己，还应该增强文化自觉意识，在课堂上营造良好的文化氛围，培养学生对语文学科的文化认知。在语文教学工作中，把包括我国优秀传统文化和历史文化知识传递给每位学生，在学习慕课的先进理念的同时，把培养教师文化自觉意识和慕课背景下语文课程新的教学技能技巧的提高结合起来，这样才能为慕课深入发展提供一条出路。

在教育信息化和语文课程改革的背景下，每一位高职语文教师面临着越来越多的机遇和挑战。这就要求语文教师在专业发展的道路上精益求精，不管在教学的道路上还是在科研的道路上，都应该充分利用现代信息技术进行教育创新，培养学生的想象力和创新能力，提高学生学习的主动性和积极性，激发其学习语文的热情，推进慕课与高职语文课程的有效整合。

（二）学生应自主学习，平等沟通

高职学生具有一定的独特性，需要教师在教学过程中充当引导者。现代信息技术与语文课程的整合要求师生在课堂上处于平等的地位，要求教师在课堂中创设平等、自由的氛围，鼓励学生主动参与到课堂活动中，让每一位学生都敢于进行辩证思维，发表自己的观点与见解。另外，兴趣是学习的第一动力，所以激发学生学习兴趣才能促进学生发现问题、分析问题、解决问题，而这个过程恰恰能很好锻炼学生的思维能力和创新能力。教师基于多媒体技术，将课文重难点讲解制成视频微课，之后学生通过观看视频，提出学习过程中遇到的问题,然后通过小组合作探究,各抒己见,对文章进行辩证评论。如此,学生在语文课堂上的学习积极性会增强,也乐于思考、讨论问题,思辨能力得到提高。

总之,教师在课堂上应该借助各种教学技巧和手段去启发学生的思维,让学生的思维处于活跃的状态,让学生愿意动脑筋,愿意提出问题,愿意分享自己的观点与看法。在这样的过程中,学生自主学习能力才能不断提升,以适应慕课背景下的课程教学。

(三)加强学校教学制度的变革

现代信息技术发展与课程变革的动力和宗旨都指向满足学生日益增长的个性化学习需求,共同的目标导向也为慕课与课堂整合提供了结合的可能性。慕课的开放性这一特质,打破了传统课堂封闭、孤立、静止教学的状态,而基于大数据的个性化学习分析冲破了传统教学标准化、模式化的牢笼。让慕课与高职语文课程进行真正、有效整合,首先与学校教学和管理层面密不可分。所以,学校领导对教学与管理流程重新加以设计,在教育信息化背景下进行课程改革,应该会收获不一样的教育效果,具体可以从以下方面进行改革。

首先,调整课程时间。在慕课的理念和模式下,高职语文课程知识的讲解可以通过提前制作的视频自主学习。为了确保学生能够按规定学习视频内容,提升学生学习的自主性,教师应该发挥其监督作用,帮助学生有效完成视频学习。这就要求教师在教学过程中适度减少课堂教学时间,给学生提供充足的自学时间。充分的自学时间让学生可以根据自己的兴趣爱好选择喜欢的学习方式,这样就提高了学生的学习主动性,学习效率也比单纯坐在教室里听教师讲解要高。问题是,学生一天的学习时间是固定的,那么想要增加学生自习时间就需要对课时进行适当调整,而调整的方式是多样的,可以根据学校和在校学生的具体情况进行合理安排、灵活调整,实现课堂时间资源的优化,确保学生自主学习的时间。

其次,完善评价制度。慕课的开放共享知识理念为高职语文课程改革带来了一种新的思维方式、新的教育方式、新的课堂生态,同时也改变了学生的学习方式。在新的评价制度中,慕课在线学习中的"进阶作业"和"诊断性测验"具有重要地位。在慕课教学活动中,作业是不可替代的,特别是借助于现代信息技术和大数据技术的"进阶作业"。学习微视频后提供的适当的作业,可以有效把握学生进行在线学习过程中对知识的掌握程度,并且作业结果可以反馈到教师那里,让教师及时了解学生的学习情况,进而实现个别化教学。诊断性测验作为一种评价的方法,是为发现学生在学习过程中的问题及其根据而设置的,它是对学生线上线下整体质量的评判和问题诊断,通过诊断、评价解决学生学习过程中的问题,推动学生个性化发展。

总之，在现代信息技术高速发展的背景下，高职院校语文教育需要进行多种评价制度的改革，通过多样的评价制度及手段，对课程教学中的教师和学生进行诊断和分析。这些评价制度的建立和使用，可以发现和解决慕课与语文课程整合过程中出现的问题，并做出快速调整。这样，学校良好的教育环境可以更好地激励学生个性化发展，促进教师专业化成长，推进现代信息技术与语文课程整合的进程。

（四）理想、完善的教育设施设备支持

把慕课与高职语文课程进行有效整合，必须进一步完善多媒体信息化教学环境，以保障教学运行和教学质量。理想的教育设施设备的支撑，是教育信息化的前提条件。

首先，学校应该建设和改造多媒体教学及其控制系统。有条件的学校应该为师生配备一种无线覆盖的移动智能学习设备，这样确保每位学生都能参与网上学习、交流和讨论，而教师可以随时在线回答学生提出的问题以及监督学生学习情况（观看视频、作业完成等状态）。

其次，建设与改造教学资源制作功能平台，以及建设和应用网络教学综合平台。建设多媒体课件工作室、视频功能室等多功能室，满足各类教学资源建设的需要。这要求相关机关部门制定多类资源的建设标准和工作要求，明确自主开发和引进教学资源建设的流程。这是慕课在高职语文教学中能够顺利开展的前提。当然这些设备的投入和使用需要技术人员以及资金的大力支持，所以想要在高职校园推广慕课，需要多管齐下，才能建设优质资源高度共享平台。这样的网络学习平台可以为本校师生之间、教师与教师之间、学生与学生之间以及校外师生的网络学习带来极大便利。

利用网络课程平台，推进精品公开课、网络课程、微课等数字化教育资源的建设和应用，为高职师生提供丰富、高质量的学习资源，同时为高职教师进行创新研究性教学、师生间交互性教学提供条件。然而推行慕课需要面临的现状是，网络学习平台建设是一项巨大的系统工程，想要一蹴而就是不可能的。所以，高职院校应联合当地政府，寻求能够长期合作的学习平台、研发公司，向其提出相关功能需求和个性化需求。另外，学校与学校之间，地区与地区之间共同研发学习平台、共同使用，还可以充分使用已经研发出来且共享给高职院校使用的学习平台，结合自己学校现状，有选择性地使用资源。

面对众多网络学习平台提供丰富的学习资源，教师应该改变观念与拓宽视野，提高信息化素养与应用能力，将运用的网络资源进行有针对性的整理和分类，将那些适合本学科特点、教学内容及学生特征的信息与本课程进行整合，提高这些网络资源的使用率和有效性，达到技术与课程的深度整合与创新。

第三节　基于翻转课堂的高职语文教学模式

一、翻转课堂的含义与特征

（一）翻转课堂的含义

翻转课堂译自"Flipped Classroom"或"Inverted Classroom"，也可译为"颠倒课堂"。何克抗认为翻转课堂教学模式的本质特征是教师、学生、教学内容、教学媒体的地位、作用为主体的教学结构的改变[①]。张金磊等人认为翻转课堂教学模式的特征为：一是教师角色由知识传授到学习的指导者和促进者的改变；二是课堂时间的重新分配，减少教师讲述的部分，增加学生学习活动的时间；三是学生角色的转变，由被动接受者到主动研究者[②]。钟晓流等人认为翻转课堂的特征：一是教学流程的改变，课前知识传授，课上知识内化；二是师生角色的转变，教师成为导演和教练，学生成为参与者；三是视频成为教学资源的组成部分；四是翻转课堂通过网络学习平台将课堂教学和线上自主学习结合起来[③]。王长江等人认为翻转课堂的本质是技术促进的教学，它不是纯技术的视频在线教学模式，也不是要用纯粹的视频课程资源等取代教师[④]。

　　总之，对于翻转课堂，大部分研究者认为是对传统的"课上讲授、课下作业"教学模式的翻转，将课堂内外的时间重新调整。由于课堂内的宝贵时间，教师促使学生个性化学习，进行合作探究活动和个别化辅导，以期获得学生更深层次的理解。教师不再占用课堂的时间来传授知识，由学生课前自己进行知识学习，自主规划学习内容、学习节奏、风格和呈现知识的方式，他们可以看视频讲座、听播客、阅读电子书，还能在网络上通过交流平台与别的同学讨论，能在任何时候去查阅需要的材料。学生通过实践获得更真实的学习。在翻转课堂中，教师的角色进行了转变，教师不再是知识的传授者、课堂的管理者，不再是知识的权威，而是学生学习的支持者、引导者、促进者、合作者；学生也不再是知识的被动接受者，而是学习的主动研究者；教学形式由"课前预习＋课堂讲解＋课后

---

　　① 何克抗．从翻转课堂的本质，看翻转课堂在我国的未来发展［J］．电化教育研究，2014（7）：5-6.

　　② 张金磊，王颖，张宝辉．翻转课堂教学模式研究［J］．远程教育杂志，2012（4）：46-49.

　　③ 钟晓流，宋述强，焦丽珍．信息化环境中基于翻转课堂理念的教学设计研究［J］．开放教育研究，2013（2）：58-63.

　　④ 王长江，胡卫平，李卫东．"翻转的"课堂：技术促进的教学［J］．电化教育研究，2013（8）：73-75.

作业"转变为"课前学习+课堂练习";翻转课堂的内容不再是知识讲解,而变为师生合作进行问题研究;网络和信息技术的应用成为学生自主学习、交流反思、协作讨论的工具;评价方式也由传统的纸质测试转变为多角度、多方式的多元评价。

(二)翻转课堂的基本特征

1.教学视频简短精致

乔纳森·伯尔曼和亚伦·萨姆斯制作教学视频坚持每个视频一个话题的原则,尽可能将时间控制在10分钟以下。萨尔曼·可汗的数学辅导视频最长的也只有十几分钟,每一个视频都针对一个特定的问题,有较强的针对性。这些视频时间短,查找方便,长度控制在学生注意力比较集中的时间范围内。视频制作生动有趣,加入了一些幽默、文本插图、注释等引起学生的注意和兴趣。通过网络发布的视频,具有暂停、回放等多种功能,可以自我控制,有利于学生的自主学习。

2.教学信息明确清晰

在翻转课堂上,在学生自主学习的情况下,视频中出现的教师的头像以及陈设的各种物品,都会分散学生的注意力,因此制作的视频中只能出现教学内容和教师讲解的画外音,将分散学生注意的干扰因素去除。在萨尔曼·可汗的教学视频中唯一能够看到的就是他的手,不断地书写一些数学的符号,并缓慢地填满整个屏幕;除此之外,就是配合书写进行讲解的声音。用萨尔曼·可汗自己的话语来说就是:"这种方式,它似乎并不像我站在讲台上为你讲课,它让人感到贴心,就像我们同坐在一张桌子面前,一起学习,并把内容写在一张纸上。"可见,这种模式的教学信息更加明确清晰,要求学生高度集中学习注意力。

3.重建教学的组织形式

传统教学是"先教后学",课堂上教师传授知识,课下学生通过练习和实践对知识进行吸收和内化。翻转课堂是"先学后教",教师布置课前学习任务,学生先观看教学视频、查找资料、在线讨论交流等进行"知识获取",课堂上,教师已提前了解学生的学习困难,并给予有效的辅导,通过师生之间、生生之间的相互交流来促进学生知识的吸收与内化。

4.复习检测便捷

在翻转课堂上,对于学生课前自主学习的效果如何,教师通过问答几个小问题就能够检测出来。学生在交流平台提交答案,而教师对学生的学习情况及时做出判断,课堂上针对学生存在的错处进行纠正,做到个别化的辅导。学习视频有暂停、回放等功能,给学生提供了复习和巩固知识的条件,使他们更容易发现自己学习的不足之处,复习起来更加便捷,从而提高学习效果。

5.师生角色转变

在传统教学中,教师处于课堂的中心,是知识的权威发布者,学生只是被动地接受和吸收。而在翻转课堂上,由于课前学生进行了自主学习,教师就不再单纯地传递知识,而是变成了学生学习的促进者和指导者。当学生学习过程中出现问题的时候,教师能有效地给予帮助。学生在翻转课堂处在中心的位置,课堂上主动与同学、教师进行交流合作学习。教师通过各种课堂活动设计来促进学生的成长和发展,并根据学生实际情况随时调整活动计划。

二、翻转课堂的实施过程

基于上述理论,我们可以将翻转课堂的实施过程简单地分为以下三个阶段,如图4-2 所示。

图 4-2　翻转课堂的实施过程

(一)制作教学视频

教学视频关系到学生课前自主学习的效果,也影响到课堂翻转的成败。教学视频的制作不仅要能引起学生的学习兴趣,而且要突出教学的重点和难点。一般一个教学视频的时间在 10~15 分钟。视频的内容只能是某一知识点,要讲深、讲透,使学生容易理解和接受。如果知识点多,视频相应也要多一些,在保证录制质量的同时要便于学生的学习和观看。

(二)设计课堂活动

课堂活动由教师组织和安排,主要用来帮助学生完成知识内化,使学生的认识得到进一步深化,在翻转课堂中具有重要的价值,也是提高教师教学和学生学习的效率的关键。课堂活动主要在师生、生生之间展开,在互动交流、合作探究的过程中释疑解惑,进而查漏补缺、深化认知,完成知识的迁移与应用。没有课堂活动,学生对知识的吸收和内化很难完成,翻转课堂的教学效果无法实现。

(三)构建学习环境

翻转课堂改变了学生的学习理念和学习方式,必然需要相应的学习环境来支撑,因而在翻转课堂教学中要为学习者提供良好的学习环境,满足他们作为学习中心的需求。

个性化合作式学习环境的构建能够帮助学生培养自主学习能力和合作学习能力。教师须考虑如何帮助和鼓励学生进行学习活动，对遇到问题的学生如何提供帮助；在教室布置上重新布局，创造平等、和谐的学习环境。除了学校自己搭建学习平台之外，一些开放学习平台也为教师开展翻转课堂提供了方便。比如，可汗学院、MOOK 等能够为学生课前的自主学习提供学习路径，避免所学知识的碎片化和彼此孤立。虚拟学习环境与实体学习环境的构建为学生提供了广阔的学习空间。在课前，学生能够通过在线学习平台学习知识，并能够根据自己的实际情况进行拓展，生生、师生之间可以通过网络实时进行讨论交流。在课堂上，传统教室布局的打破使得学生能够更方便地与教师和同学进行交流讨论，使学生在一个轻松愉快的教室环境中完成知识的建构。

三、基于翻转课堂的高职语文教学模式实施原则

高职语文翻转课堂因受学科性质和学生情况的影响，应依据高职语文的教学目的和教学规律确定本学科翻转教学的实施原则，用来指导教学活动，使翻转课堂更符合高职语文教育教学的需要。

（一）"翻之有度"，突出高职语文学科特点的原则

"翻之有度"是指翻转高职语文课堂在教学内容和教学方式上要选择合适翻转教学的部分，使高职语文课堂能够翻转过来，同时又能符合高职语文学科教学的特点。翻转高职语文课堂出现了一些困惑，如情境的营造、语感的培养、感情的熏陶无法在翻转课堂上实现；学生更多的是增长了语文知识和能力，在人文精神和职业素养的培养上有所欠缺；学生依赖教学视频的传授，对钻研学科产生影响；教师对语文课堂艺术的追求受到牵制，翻转课堂失去了语文味。在这种情况下，我们完全没有必要为了"翻转"而"翻转"。语文教学内容丰富、宽泛，并不是所有内容都适合用"翻转"这种形式去呈现，所以不能按照所谓的形式而强行把语文课全部"翻转"过来。翻转课堂教学内容的选择和设计不能随意。教师应在文本的"细读""深读""品读"的基础上，整体把握教材内容，精心选择具备翻转课堂可操作的内容，制作成课前学习任务单，借助视频、MOOK 大学等学习网站的资料及其他视频、文字材料让学生通过"翻转"去做更多阅读和学习。具体到每节"翻转课堂"，教师可通过互动明确学生自学中有困难、疑问的地方，挖掘出有价值的点供课上交流和探讨。此外，由于有些教学内容需要学生实践和体会，采用普通的语文教学方式效果更好，教师可灵活地运用在课堂互动教学环节中，来弥补翻转课堂教学中的不足。

（二）"翻之有悟"，促进学生语文素养发展的原则

"翻之有悟"是指翻转课堂在课堂教学环节,使知识能内化成学生认知的一部分。学生通过思考与觉悟,内化所学内容,让其成为自己智慧的一部分,从而使自己的价值层面得到改变和提升。语文知识是外在于人的,只有通过思想上的点拨与碰撞,悟有所得,让知识进入认知本体,语文素养才能形成。学生在读书学习中,要做到读中有思,通过"思"达到"悟"的程度,才能获得真知,享受到阅读的快乐,开启心灵之门。高职语文在翻转教学中通过创设情境,对学生的学习心理产生影响,激发起学生的问题意识,在课前阅读文本、思考问题、查找信息、积极探索中,为课中讨论交流,"整合""内化""领悟"知识起到先导作用,充分发挥学生学习的主观能动性。高职语文的学习离不开品味语言,语言训练穿插在教学过程中,有助于提高学生对语言文字的感受力,促进学生思考和理解文本的深刻内涵,最终有所领悟。

（三）"翻之有控"，保证学生学习行为有效和教学进度的原则

"翻之有控"对于教师来说就是要对学生的学习行为做出及时和恰当的评价,对教学的进度和结果有效地监控。翻转课堂教学充分发挥了学生的自主学习能力。然而由于学生个体的差异,每位学生的学习能力有高低之分,所以在课前每位学生的"先学"程度也有所不同。学生的自主学习情况直接影响到翻转课堂的教学效果。自主学习的关键在于个体对学习的自我调控,这需要教师在课前进行指导和帮助,借助信息技术对学生自主学习予以支持,转变观念,设计能够引发学生兴趣和思考的问题,激发学生自主学习的热情和积极性,放心让学生通过自己的努力获得知识并解决问题,让学生能自觉地根据教师的要求进行个性化学习。

教师在课中要确保学生有效完成知识建构,先要对学生完成学习任务情况进行检查,了解学生的学情,并对教学的内容进行归纳、整理、优化,在课堂上促进学生知识的内化。翻转课堂相比于传统课堂更具有自主性,学生的自由度较高,课堂的秩序不容易维持。因此,教师要创设适合学生合作交流的学习环境,选择合适的课堂结构,安排教学的内容和进度,制订与翻转课堂相适应的课堂纪律,保证有序又有效地开展课堂活动。

四、基于翻转课堂的高职语文教学模式实施策略

在高职语文教学中,翻转课堂不是简单的自主学习、交流讨论,而是要让学生课前能主动自觉地去探索和研究,并能达到一定的水平,课中在生生、师生之间的相互交流和讨论中深化对知识的理解和运用。不论是在课前还是课中,教师要采取有效的方法激发高

职学生的学习兴趣，提高其参与教学活动的积极性，培养其自律、自强的精神，达到翻转教学的目的。

（一）课前教学设计策略

1. 抓住教学关键确定翻转内容

教学关键是在深入钻研教材，了解学情，明确重、难点的基础上确定的。翻转的内容和教学的关键紧密地联系在一起才能对课堂教学产生促进作用。对于知识点明确的理科，通过制作微视频，就能讲清楚。而作为人文基础学科的语文课程知识点较为分散，只在微视频中讲某个知识点或片段不能全面了解和把握课文，学生语文能力和人文素养的培养难以实现。因此，高职语文在翻转教学时应立足本学科的特点和教学目标，依据教学关键选择合适的内容予以翻转。

高职语文的教学内容丰富，知识类型多样，所以教师需要选择与教学关键密切相关的知识点做成微视频帮助学生自主学习，完成课前任务。高职语文知识类型主要分为陈述性知识、程序性知识和策略性知识。陈述性知识主要反映事物状态、内容及事物变化发展的原因，说明事物"是什么""为什么"和"怎么样"，如人们常说的"字、词、句、篇、语、修、逻、文"等知识。程序性知识主要反映活动的具体过程和操作步骤，用来说明"做什么"和"怎么做"的问题，如如何选择词、句，如何概括段意把握文章的意义，如何评价和欣赏文学作品等。策略性知识是指学生对学习任务的认识、对学习方法的调用、对学习过程的调控，它由三个层面的要素组成，即学习方法、学习调控、元认知。在实施翻转课堂时，相比较而言，陈述性知识通过整合网络资料或教师录制讲解的内容更容易制作成微视频，使学生自主学习直接方便。将程序性知识制作微视频复杂程度较高，而且会对学生独立钻研课文内容造成阻滞，没有必要做全部翻转。策略性知识更多地需要学生自己亲身实践和领悟。教师可以布置学习任务让学生课前完成，使学生的能力得到锻炼和培养，课堂上再逐步内化为自己的知识，成为自身素养的一部分。

高职语文教学要能提高学生学习的兴趣和主动性，培养学生的语文能力和职业素养，可根据课型的需要选择合适的内容进行翻转。研究发现，参与课和活动课比较适合高职语文课的教学。参与课要求学生能自主学习和讲解课文。教师根据学生已有知识水平和学习能力，有针对性地进行选题，课前让学生自行找材料分析、研究内容较浅显的、资料易于查找的课文，这样，翻转教学既有明确目标，又能发挥学生最大的自主学习的能力。活动课根据课堂活动的目的，开设的形式上可以不拘一格。课前教师布置学习任务，引导学生去做社会调查，去采访，从不同路径搜集资料、使用信息，在研究学习的过程中学会分享与合作，培养科学态度和精神，让学生有更大的空间在生活和实践中学习、成长。课堂上学生展示实践成果后,教师点评,学生互评,肯定优点,找出不足,通过相互切磋和学习,共同进步。另外,提高学生语文学习能力的方法和技巧同样也可以翻转,使学生运用在实践活动中加以巩固和掌握。专题课主要是将几篇有共同特点的文章进行对比阅读,同样也适用于翻转课堂的教学形式。

从高职语文教材选择的课文来看,大部分是文学作品,因此采用翻转教学重点就要抓住文体的特征。对小说的作者介绍、故事发生的历史背景,对故事情节、人物形象等的探究,学生可以自己看资料或视频了解。阅读文本之后学生对情节、主题、人物有了初步的认识,课堂上师生、生生之间相互讨论,集中观点和意见,得到统一的认识。散文的作者写作风格、同类主题作品的比较都可以在课前布置阅读的任务,让学生了解和熟悉,有助于课堂上师生间的交流和讨论。对于戏剧,教师则可以让学生课前分组准备表演活动、课堂展示,这样既能让学生发挥表演才能,还能让学生对戏剧本身有更深刻的认识。诗歌一般篇幅简短,语言文字优美,内涵深刻。学生先观看微视频和录像,就能了解诗歌的含义、学会诵读的技巧,课堂上师生再讨论畅谈各自对诗歌意象、特点的理解,会更加丰富学生的阅读体验。应用文写作教学可采取完全翻转的形式,即学生课前自读教材,按照教师布置的作业完成写作任务;教师根据学生的写作情况进行重点和个别的点评;学生再巩固练习。通过先练—评讲—后写,学生在自主学习和实践中内化知识,掌握写作技巧。

高职语文作为基础课应以语文能力的培养为重点,从而提高学生的综合素质,适应将来职业发展的需要。翻转教学在培养学生听、说、读、写的能力方面同样适用。由于微视频经常包含着学习的重要内容,学生边看边听,获得学习的信息。学生听得仔细,才能对后续的学习活动产生积极的影响。课堂上师生和生生之间的讨论,学生需要接收信息,同样离不开听的能力。语文教学中专门安排有学生说话的活动,比如普通话培训、汇报读书心得、两分钟演讲、辩论赛、戏剧表演等。活动前,教师可以把学生需要了解和掌握的知识点制作成微视频,还可播放一些和活动有关的视频让学生模仿和学习;课堂上,学生展示他们的学习成果,学生互评,教师点评。阅读是语文学习的关键。课前任务单中一般都包含读书的任务,明确阅读的要求,培养学生的语感和问题意识。课堂上教师引导和点拨,使学生理解更深入和透彻。读书不能局限在读教材。教师可布置一些课外阅读任务让学生完成,培养其阅读的兴趣和习惯,通过汇报读书心得和写作读书笔记评价学生的读书效果。高职语文写作教学除了应用文写作训练外,写读书笔记,小论文以及其他文体的习作也都适合"翻转"的形式。教师把写作的有关知识制作成一系列的微视频,使学生通过反复观看微视频就能解决在习作中遇到问题,再在课堂上抽取部分优秀的和有问题的文章予以点评。高职语文翻转教学中学生的听、说、读、写的活动多，更有利于学生语文能力的培养和提高。

2. 找准学习突破口设计与制作微视频

（1）高职语文微视频制作要求

微课视频是一种短小精悍、主题突出的课程视频，制作方法较多，一般摄制、剪辑加工、屏幕录制和通过模板制作的方式难度较低，适合普通教师。屏幕录制仅需要一台安装了屏幕录制软件的笔记本电脑在家中就可完成制作，也可以在手机上下载视频录制软件。剪辑加工则需要教师懂得使用简单的视频处理软件进行剪辑即可。制作程序相对简单，易于掌握和使用。微视频时间短，一般是在 10 分钟左右，时间过长，学生注意力容易分散；过短，教学内容无法完整展示，影响观看效果。时间短，微视频使用更快捷，便于学生查找和重复播放。

在制作语文微视频时，要将声音、图片、文字、动画、小视频合理安排和有效利用。在微视频中，教师的表达要清晰有序，语气平和，发音标准，语速适中；图片穿插时机要适当，契合教学的内容；文字可做一些艺术化的处理，添加一些色彩符号，强化学习的重点；动画和小视频不仅使讲解更加生动形象，还能增强微视频的趣味性，让学生在良好的视听氛围中，拉近与语文的距离，加深对语文知识的理解和把握。录制微视频不必使用特别专业化软件。学生在手机、平板和电脑上就能打开的视频软件都可以使用，充分发挥视频软件的教学功能和作用。

（2）高职语文微视频内容的选择和安排

微视频一般是针对某个知识点或课堂教学环节展开而设计的，既不是把参考的资料搬到视频中，也不是把以前用的 PPT 当视频内容播放，它有着明确、清晰的教学目标。由于微视频播放时间短，视频内容的选择就成了关键，因为合适的内容能激发起学生的学习兴趣，引导学生参与教学活动，提高学生学习的自主性和积极性。微视频选择和安排上可以从以下几个方面考虑。

在高职语文教学中，语文知识的学习必不可少，它是理解课文、加深认识的基础。由于课时有限，高职语文知识的教学远不及基础教育阶段，若将文章中的知识点做成微视频让学生课前自主学习，既能节约课堂讲授的时间，又能提高课堂的教学效率。一般一个视频集中讲一个知识点，如果几个知识点放在一个微视频中容易延长播放的时间、分散学生的注意力，所以可以把课文中涉及的知识点做成一系列的微视频。学生可根据自己的学习情况和进度随时查看。

微视频是高职语文教学设计中教学资源的一部分，对于营造教学情境，激发学生学习兴趣,引导学生走进教材文本、领悟文章主旨发挥了重要的作用。在选取视频内容时,我们既要考虑学生知识基础、能力现状和情感认知发展的需要和兴趣,还要联系文章的重难点,准确找到一个能够由一点引发学生关注文章的问题。问题可能来自观照全文的细微点、兴趣点和空白点。

细节一般是文章中描写最生动、最传神的地方。抓住重要的细节引领学生去关注、去突破,用细节激发学生的思考,使学生在更好地理解知识的同时,体会到细节对学习全篇的重要性。

高职语文翻转课堂要能从学生的实际出发,制作出让他们感到既熟悉又陌生,带有趣味性,能引起他们疑问和思考的微视频。微视频的内容单一而又集中,可来自文章中的细微点、兴趣点和空白点等,对于关照全篇学习有着重要的作用。教师在备课时要能从文本中发现解读的关键,以此制作的微视频在学生自主学习中才能有更好的效果。

3.依据教学活动安排课前学习任务

翻转课堂课前学习不仅要观看微视频(只是建构了学生学习的一部分),还需要教师帮助学生明确自主学习的内容、目标和方法,设置与上课教学活动相应的学习任务。

由于有的课文内容是在特定的时代背景和事件下发生的,学生在阅读中如果不了解这些将无法领会文章的深意。教师在传统课堂上一般会选择一些背景资料帮助学生理解,但在翻转课堂上,学生完全可以在教师的指导下了解和把握这些内容。课前教师把能为学生解读文章的资料发给学生,可以是文字资料,也可以是音像视频,还可以是学习资料单,让学生自己去搜集资料。

课前学习任务与课堂教学活动有着紧密的联系,直接影响到课堂教学的效果。设置学习任务要根据具体教学活动的目的、内容、要求等灵活机动地安排。这样,翻转高职语文课堂才会更有效果。

(二)课堂教学活动策略

高职语文翻转教学活动包括检测学生课前自主学习情况并进行反馈和评价,组织学生对学习中遇到疑难问题通过小组合作互助解决,展示交流成果,引导学生学习反思等,但这样做并不能完全达到预期的教学效果,在实际的课堂教学活动中,应根据教学的需要选择合适的策略。

1."后教"关照"先学",合理安排教学活动

课前学生"学"的情况直接关系到课堂上教师如何去"教"。教师对学情的把握尤为重要。由于高职学生的知识、能力基础、认知水平、情绪状态等各有差异,课前自主学习的结果也不尽相同,教师要在"教"的环节让学生有效地完成知识的建构,可以通过教学

平台或软件检测到学生课前学习的效果,发现存在的问题并做出解答、分析和评价,而且要对学生的反馈信息进行归纳、整理、过滤、筛选重点内容,引导学生参与课堂教学活动;对课前自主学习表现和成绩良好的学生予以积分奖励,鼓励全体学生都能积极主动地"先学",为"后教"打下基础。

在教育教学中,每位学生都是独立的个体,他们以自己的方式建构知识。教师要根据每位学生的学习方式和倾向因材施教,发挥各层次学生学习的积极性,为体现他们的个体素质优势提供条件。比如,在小组合作学习中,以"异质同组,组间同质"的原则为指导,结合学生的实际和意愿,按合作小组或实训小组来分,或以寝室为单位来建,这主要考虑到学生之间的熟悉和默契程度,有助于开展讨论交流活动。合作学习过程中,小组成员自主协商、明确分工,小组成员的优势得以发挥,学生的特长和潜力得以挖掘,学生的学习兴趣和合作解决问题的能力得到锻炼和培养。

高职语文翻转课堂以"后教"关照"先学"开展教学活动做到了尊重学生、"以人为本"真正体现教学是为了促进学生各方面的发展和进步。

2. 创设情境教学,突显高职语文翻转课堂学科特色

微视频让学生在课前熟悉了教学的内容,所以学生会有一些自己的见解和看法。课堂上教师对学生课前学习的效果进行检测和评价,师生、生生交流讨论问题,得出结论。然而高职语文教学是以整合知识、技能为基础,以活动为载体,在活动中经历过程、掌握方法、培养良好的情感态度与正确价值观的,它所传授的不仅是知识,更注重学生人文素养、职业精神和审美能力的培养情境教学强调学习主体与学习情境的互动,在互动中建构知识、培养能力、提高综合素质。

由于翻转课堂在某种程度上和情境教学相一致,我们可以在情境教学的理论指导下创设高职语文翻转课堂的教学活动,从而实现学生知识的自我建构和有效的学习。因此,教师可以从高职语文教学需要出发,围绕教学活动主题,挖掘各种优质的教育资源,设计与高职语文教学内容相适宜的氛围或场景,选择合适的方法进行教学,将情境设置与视频的内容、课前学习任务结合起来,激发起高职学生的学习兴趣,让学生主动地参与课堂的教学活动,提高教学的效率。

随着教师观念的更新,课外资源运用在语文的问题情境教学中越来越得到重视,这能够开阔学生视野、启发学生思维、帮助学生更深刻地理解课文的思想感情。还有一些语文教学中常用到的方法,如在文章重难点处、矛盾处设疑,于无疑处创设问题情境等,若被运用在高职语文翻转课堂中能有效地提高学生的问题意识,激发其认知动机,使学生在探究和实践中完成学习任务。

3.划分内容板块促使翻转教学更加有序和有效

所谓"板块式思路",就是在一节课或一篇课文的教学中,从不同的角度有序地安排几次呈"块"状分布的教学内容或教学活动,即教学的内容、教学的过程都呈板块状分布排列①。这种块状设计,主要着眼于学生的活动和能力的训练。板块与板块之间连缀起来呈现出一种层进式的教学造型,使语文教学更清晰、简明更容易被教师掌控,也更容易被学生接受。由于"板块"内涵的本质是整合教学资料与安排课堂活动,它可以用于各种文体或各种课型的语文教学之中。高职语文翻转课堂教学内容的安排同样要做到层层递进和深入,并在课堂活动中注重学生语文能力和人文素养的培养。由于学生课堂上自由度较高,课堂时间却有限,教学进度难以保证,而运用"板块式"课堂教学结构,教学层次清晰,每个板块的教学时间易于把握,能有序地组织课堂教学活动,完成教学的任务。实施教学时,根据教学目的,把教学内容划分成不同的板块,每个板块都有自己的目标、内容、方式和时间要求,板块之间相互关联,使教学的过程又成为一个有机的整体。

由于文章篇幅长短、内容难易程度不同,划分教学板块的侧重点有差异。比如,对于短的、容易理解的散文,可以整体理解和欣赏;对于长的、较难理解的散文,则需要浏览、感悟精华就可以了。再有文章的体裁不同,教学板块的设置侧重点也有差异。比如,小说的阅读教学离不开文体本身的特征,所以抓住"三要素"进行训练,板块之间彼此推进、层层深入;诗歌则侧重于诵读和比较,让学生能够插上联想和想象的翅膀,去感受作者的思想和情感,体会诗中的真意;写作教学则侧重于理论和实践,设置高职学生真实的学习和将来工作的情境,去引导学生开展写作训练,在课堂上感悟写作的技巧和方法,对课前的写作能进行反思和做出客观的自我评价,从而提高写作能力。

在翻转课堂下的语文板块教学中,教师要给学生留有充分的思考和交流讨论的时间,把控课堂教学的进程,将学生的学情和教学的内容有机结合,预设的教学进度和过程可做适当的调整,在步步推进中让学生走入文本、深入探究。

---

① 余映潮.论"板块式"阅读教学思路 [J].语文教学通讯·D刊(学术刊),2011（1）: 26-28.

第四节　高职语文线上线下混合式教学模式

一、线上线下混合式教学模式概述

混合式教学，这一概念源于"混合式学习"。何克抗教授认为，混合式学习就是要把课堂面授的优势和 E-Learning 各自的优势结合起来，只有将这些结合起来才能达到预期的最佳效果[①]。谭永平教授认为，线上线下混合式教学模式是以建构主义和行为主义为理论基础，借助信息技术、互联网技术和现代教育技术等多种技术手段对教育资源进行组织、呈现和运用，将面对面的课堂教学和网络在线教学进行深度融合的教学模式[②]。

线下教学，即传统的面授教学。为适应飞速发展的信息时代，线上教学应运而生。线上教学依托信息技术，是在传统模式的基础上产生和发展而来的，具有明显的针对性和便捷性等教学优势，但是面对面的线下教学仍是不可取代的，所以二者需要相互补充，进行有效的融合。在开展线上教学时，教师需要对学生进行更密切的关注和掌控，特别是对于基础较为薄弱的学生，因为一方面，他们自身可能没有足够的自律性，学习热情低，学习动力不足；另一方面，在线上教学过程中，教师无法对课堂进行全方位、全时段的监控，导致本身参与实体课堂有困难的学生在线上学习中会面临更大的自律挑战。

在传统的线下教学当中，教师一般都能在师生互动与交流中随时掌握学生的学习需求和学习状态，从而及时地解决课堂存在的问题。但是，传统课堂教学活动的开展主要依托于教材，师生之间的互动较为单调，同时教学资源、教学设备、学习方式、学习环境比较单一。这样的课堂不能全面尊重学生的个体差异，也不能满足他们个性化的需求。线上线下混合式教学是结合课堂教学和网络媒体，通过师生双向切换互动实现学习效果最大化的教学模式。这种双向互动模式基于丰富的网络资源，将之贯穿于各个课堂教学环节，形成全面、科学的教学体系，比传统课堂更具灵活性。

混合式教学并非线上线下二者简单的叠加，而是以信息技术赋能课堂教学，从而使它们更加充分地发挥各自的优势，构建成为理想的教学模式。这种教学模式能够提升学生的课堂参与感，帮助学生增加知识储备，提高他们的人文素质和综合水平。线上线下混合式教学模式的应用，不仅能够整合大型在线开放课程和传统课堂教学的优势，还能

---

① 何克抗. 智慧教室＋课堂教学结构变革——实现教育信息化宏伟目标的根本途径 [J]. 教育研究，2015，36(11)：76-81，90.

② 谭永平. 混合式教学模式的基本特征及实施策略 [J]. 中国职业技术教育，2018(32)：5-9.

弥补二者的不足，为学生提供更多的学习机会和学习资源。在课堂中，"教"与"学"始终契合、贯通，从教学的角度来看，它们是整个教学活动的核心，层次上表现为递进关系，其中教学设计与学情的符合程度、教学内容的难易度划分、课堂演示方式等都会影响学生学习知识的效率；从学习的角度来看，学生是教学活动的主体，教师除了引导学生外，还需要关注学生学习的过程，尝试构建新型的学习模式。因此，线上和线下教学并举的最大优势在于，混合式教学能通过教学资源、教学方式的融合设计实现教学过程的递进，并根据学生的实际水平实施教学活动，达到鼓励学生从多角度、全方位学习的目的，凸显学生的主体地位。

二、线上线下混合教学模式在高职语文教学中的应用优势

（一）迎合学生个性化学习需求

如果在高职语文教学中引入混合式教学模式，教师在教学中不再是单纯扮演主导者的角色，而更多的是扮演引导者的角色，综合参考学生语文基础、学习能力、语文素养等学习水平，引导学生同步开展线下学习、线上学习；学生在更多情况下处于一种自主学习的状态，整个学习更为可控，且更为自由、灵活。这种模式无疑能够进一步扩大高职语文教学的覆盖范围，有效迎合学生在语文学习方面的个性化需求。

（二）提高教学质量与学习效率

混合式教学模式本身是针对传统教学模式、线上教学模式所进行的有效整合。在高职语文教学中引入混合式教学模式，教师不但能够发挥传统教学中的主导教学优势、组织管理优势，同时又能够让线上教学所具有的辅助优势充分发挥出来，全面提升课堂教学质量。从学生层面来看，混合式教学模式是一个更为开放、个性、自由的教学平台，教学模式更为多元、教学资源更为丰富，学生具有高度的自主性、自由性，且教师、学生都能够利用线上平台进行多元化的交流，这无疑能够显著提升学生的学习效率。

（三）提升学生实践与应用能力

高职院校主要培养理论基础扎实、动手能力较强的技能型人才，这对学生实践与应用能力提出了一定要求。因此，在高职语文教学中，教师要关注对学生听、说、读、写等能力培养，在语言表达、人际沟通交流和文本撰写等方面加强对学生的训练。引入混合式教学模式，能够极大地拓宽高职语文课程学习时间和资源，且在平台的支持下，学生的口语表达能力、作文创作能力都能实现提升，并获得丰富的实践经验。在混合式教学模式下，高职学生能够在语文学习中得到个性化的指导，而教师可以结合各专业学生特点，开

展形式多样的课堂与课外实践，通过在语文教学中融入专业信息知识、职业道德和职场案例等内容，充分彰显高职院校育人特色。

三、线上线下混合教学模式在高职语文教学中的应用策略

基于线上线下的混合教学模式，以课堂教学为基础，开展丰富的语文课堂教学活动，构建健全的课外拓展体系，使学习环境由封闭的教室向开放的外部环境拓展。其中，教师可以利用信息技术手段自行搜集、整理教学资源，使用新兴媒体平台，自主开发相关的教学资源，如拍摄微课视频、自制多媒体课件等，丰富教材内容，提升课堂教学知识的丰富度。同时，学生可以通过电脑、手机等设备进行预习和查阅资料，并通过学习平台进行自主学习和测试。线下课堂教学是结合多媒体等硬件设备进行的，使师生能基于此共同完成课程的教学任务。其中，学生在任务驱动下能够灵活运用他们已掌握的知识和技能，同教师一起构建具有启发性、自主性、探究性、个性化的教学体系，从而提升个人语文核心素养，真正做到学以致用。教师综合利用网络和面对面的教学方式开展线上和线下教学活动，构建课前、课中、课后三个连贯环节，环节间顺畅衔接形成完整闭环，可以实现语文课程高效教学。

（一）课前阶段

1.制订目标

清晰、具体的教学目标是课堂的出发点和归属点，是课堂教学的灵魂，所以教师设置的教学目标必须切实可行、便于控制、利于评价、相对公平。传统的高职语文课堂也有教学目标，但目标往往基于教师单方面对教学过程的认知和设定，学生被动接受。在线上线下混合式教学模式中，教学目标由教师和学生双方构成：教师的教学目标要结合学校人才培养目标、职业岗位需求来综合设定；学生的学习目标包括知识、能力、素质、思政四个层面。这些目标不但关注知识学习，还注重学生学习的过程与方法、情感体验与价值取向、审美能力与创造创新。所以，设定教学目标需要综合考量。

2.课前预习

在本环节，由教师通知学生依托线上资源进行课前预习，使其在课堂教学前对所学内容进行大致了解，这有利于培养学生的自主学习意识，增强其学习内驱力，使其形成自主学习动机，以自学成果为导向，达到深度学习的效果。在课前阶段，教师可以在网络学习平台发布预习任务；学生注册、登录并查看，而后学习线上视频，并完成平台上的课前自测。学生还可以参与评价互动，使教师通过平台数据初步了解学生的预习情况和他们对语文基础知识的掌握情况，从而进一步优化教学设计，有效提炼教学重难点。

　　课前学习环节能使学生初步完成对课堂学习内容的感知，并在综合实践活动的基础上总结有疑惑的地方，在课本上圈点、标注，在线上直接提问，或者在线下课堂中向教师请教。另外，学生对课程的掌握情况可以通过学习平台及时反馈给教师，而教师根据反馈结果能获得第一手资料，从而更好地设计符合学情的线下教学活动，灵活采用分组的方法，使不同水平、层次的学生交错组合，通过互助、互补、互促达到显著的教学效果。

（二）课中阶段

　　课堂教学实施是线上线下混合式教学模式中的核心环节。在完成预习任务后，学生对即将要学的内容已经有了宏观感知；同时，教师使用抽查等方式可以了解学生的掌握情况，直观了解个体间的差异，在此基础上汇总学生在预习中存疑的部分，并在课堂上为其答疑解惑，提升教学效果。充分利用线上资源来辅助线下课堂教学，鼓励学生思考，有利于激发他们的学习动力，且能通过师生的互动、探讨、交流提升课堂活力。利用线上教学手段，如投票、问卷、头脑风暴、小测试、技能考试等方式，能让教学活动更加丰富多彩。结合信息化平台的功能和学生对于课堂学习的实际需求合理使用学习平台，能更加有效地开展小组合作探究，也有利于教师对学生进行有效的指导，快速对学生讨论的结果进行分析。

　　在线上线下混合式教学模式的课堂中，使用情境教学法可以激发学生的共鸣，使学生产生一定的情感体验，从而更好地理解教材。以诗词学习为例，具体的实施过程如下：首先，教师可以在学习平台上发起投票，问题设置为"如果要跟李白、杜甫、苏轼他们中的一位去旅行，你会选择与谁为伴并说明理由"。这是一个具有创造性的问题，学生会非常感兴趣，并且这样设置情境能使学生不自觉地全身心投入课堂当中。其次，教师可以播放纪录片《苏东坡》，进而引入他的词作《念奴娇·赤壁怀古》，让学生跟着苏轼去赤壁走上一走。该词为豪放派的经典之作，朗读时应铿锵激越、高亢有力，因此可以让学生模拟关西大汉自由朗读，然后推荐一位学生上台展示，之后师生共同欣赏我国著名余派老生王佩瑜充满京味的朗读视频，感受全词的豪放风格，将学生带入词的意境。最后，在诗词分析环节，教师可以充分利用线上资源，将作者生平、写作背景、创作风格等整理成文，从而更好地让学生从宏观层面把握诗词内涵。再以李清照的《声声慢》为例，李清照苦难与坎坷的一生不是以一个"愁"字就能概括的，因此教师可以带领学生浏览与李清照相关的网络平台，结合她的人生轨迹，对照她不同时期的作品，探究诗人南渡前后不同的愁思，进一步把握词的内涵。再如，在讲解苏轼的《念奴娇·赤壁怀古》前，教师可以让学生思考为什么在英雄辈出的三国时期诗人的怀古对象偏偏选择了周瑜。此后，教师可以结合《三国志》和《三国演义》来分析原因，激发学生对历史的探寻兴趣，激发学生的主观能动意识,拓展学生的知识面。关于《永遇乐·京口北固亭怀古》中使用的不同称呼是无意为之还是别有深意,教师可以引导学生利用网络资源了解其背后所承载的民俗文化,而后通过抽丝剥茧地研读拓宽学生的知识深度,使学生的参与感大大增强,同时提高学生的学习效率。

除此之外,教师还可以通过线上平台丰富教学内容,扩展学生学习广度。比如,在语文课程教学中教师可以采用比较阅读法,在授课过程中引入不同人物所作的相似的文章或同一作者的不同文章,让学生对比阅读,深化理解。

(三)课后阶段

线下授课基本完成后,教师可以在学习平台布置一些具有个性化和针对性特点的练习,引导学生回顾所学内容,检验学生的语言运用,使其在实践中强化学习效果。教师可将网络交流平台利用起来,引导学生在线提交个人的学习体会与文章材料。教师与其他同学共同评价作业质量。相较于传统分数评价等终结性评价形式,这种过程性评价的客观性、便捷性更强。同时,评价主体也由教师拓展为班级学生和教师,能够更好地鞭策与激励学生。为充分发挥课后评价的导向作用,高职语文教师可从线上学习、课堂表现以及期末考试三个层面来评价学生的学习情况。其中,在线视频的观看、在线讨论的参与度等皆为线上学习的考核内容,而课堂发言、出勤率、讨论互动等则属于课堂表现的考核内容。教师要密切关注与及时评价学生的线上、课堂学习情况,将即时性反馈机制构建起来,转变学生的学习态度,引导学生主动探索、吸收和运用新旧知识。

四、线上线下混合教学模式的应用实例

在具体实践应用方面,笔者所在的江苏财经职业技术学院语文教研组根据中共中央、国务院《关于深化教育改革全面推进素质教育的决定》中对高等教育提出的课程改革要求,秉承勇于探索、开拓创新的实践精神,对语文课程进行信息化教学改革。在讲授辛弃疾的《水龙吟·登建康赏心亭》这篇词作时,进行了基于 BOPPPS 模型的线上线下混合式教学模式改革,并取得了不错的教学实效。下文就对该案例进行详细分析,以期读者能够对线上线下混合式教学模式在高职语文教学中的应用有更为深入的认识。

(一)本校大学语文教学的现状

江苏财经职业技术学院是 2004 年 7 月 15 日经江苏省人民政府批准、教育部备案,由原江苏省淮阴财经学校和江苏省淮海工业贸易学校两所国家级重点中专校合并组建的全日制普通高等学校。学校隶属于省教育厅。近年来,学校为江苏省乃至全国财政、

税务、金融、营销、法律、粮食、机械等部门和行业输送了近6万名高素质技术技能型人才,其中有很多校友已经成为主政一方的党政领导、成为行业和部门的领军人物、成为企业和系统内的精英与骨干,为经济社会发展做出了重要贡献。

学校地处被誉为"淮水东南第一州"的淮安市,占地面积约54万平方米,建筑面积23.66万平方米,固定资产总值5.67亿元,图书馆馆藏纸质图书91.4万册。学校设有会计学院、金融学院、经济管理学院、法律与人文艺术学院、智能工程技术学院、物流与交通旅游学院、粮食与食品药品学院、马克思主义学院、基础教学部、创新创业学院、智慧商科综合实训中心、智能制造综合实训中心12个教学单位。

语文教研室属于基础教学部,主要承担着全院的公共基础课和部分公共选修课的教学任务,同时还承担着全院学生普通话、人文素养等综合素质的培训工作。语文教研室现有教职员工10人,其中博士1人,在读博士1人,硕士8人。师资队伍结构合理,经验丰富,业务能力强,综合素质高,具有一定科研水平。

(二)本校大学语文教学中存在的问题

没有进行信息化教学改革之前,本校的大学语文课堂教学呈现出一些问题,实际教学效果和师生预期目标之间存在一定的差距。究其原因,有以下几个方面。

1. 高职语文定位不清晰

长期以来,受社会大环境和用人单位对人才招聘需求的影响,高职语文目标取向"重知识而轻能力""重工具性而轻人文性",缺失审美、道德、创新因素。第一,大学语文的教育目标偏重知识累积,对应用能力的培养显得不足。第二,大学语文的教育目标存在自我封闭倾向,缺少和其他学科间的互动联系,在服务专业与帮助就业上作用不够明显。这就导致语文成了"鸡肋",许多高职学生注重眼前利益,认为考级、考证的课程有助于就业赚钱,所以要练技能、多拿证,语文学科对将来的就业没有直接帮助,所以可有可无。在这种思维理念之下,培养人文精神的、短期内很难量化教学效果的语文类课程,就会被日益边缘化。殊不知对学生成才和长远发展来说,良好的人格修养与扎实的人文素质是基础。目标定位不清晰,在很大程度上影响了学生的学习态度和教师的工作热情。

2. 生源复杂,水平参差不齐

本校生源主要包含两类:第一类,通过全国高考统考而考入其中的普招生;第二类,源自职高、技校、中专的"三校生"。各类学生的语文综合素质参差不齐,学习能力相差较大,整体状况并不理想,现存问题包括:文史知识基本功不扎实;语文学习能力欠缺,学习意识和习惯较差;文言文基础浅薄,连基础的文言文词汇、句子也难以读懂;实用写作能力差,在撰写基本文本如个人简历、启示、通知上表达模糊,文字不流畅,格式不正确,病句与错别字屡见不鲜；交际沟通能力不强。总而言之，大部分学生没有认识到语文学习的重要性和实际价值，语文实际水平达不到课堂教学要求，导致教师在授课时比较困难。

3.教学内容更新滞后，教学方法相对传统

就目前信息化高速发展、教育教学模式不断创新、知识更新日新月异的大形势来看，高职语文教育也需要不断地深入改革，加大师资队伍建设的力度，创新教学模式，探索教学手段，丰富教学资源……但实际情况却是，高职语文课堂教学大多延续传统教学模式，以"教师—书本—学生"三点一线式教学方式进行语文教学。语文课程课时不足、教学内容相对滞后、教学改革建设跟不上，教师培训进修没有跟上、知识架构得不到及时的扩充和更新，所以很难在教学中根据实际需要来调整教学策略。加上在"互联网+"背景下，学校在基础学科的教学建设与改革上投入资金相对不足，线上语文教学资源开发跟不上，硬件设备不足，制约了学生获取学习资源的途径，阻碍了大学语文课程的资源共建、共享，导致大学语文课程的学科信息更新滞后，增加了学生的学习难度。

4.考评方式固化、单一

受应试教育传统观念的影响，传统语文课程考评模式多采用一考定输赢的方式，课本知识偏多，缺乏对学习过程中学生非智力因素和综合能力的关注以及人格、品质的考量，导致很多学生的隐性能力不能够通过考评体现出来，无法展示独特的自我价值，也就无法真正实现"因材施教"。因而一些学生为了成绩，学会"临时抱佛脚"的功利模式，不重视平时的学习巩固与知识累积，也很难在学习过程中塑造过硬的精神品质和人格魅力。

综合分析以上各方面的原因，本校大学语文教学面临的困境是社会文化、时代背景、办学理念、生源素质等多方面因素综合作用的结果。这是既定的事实，也是语文教学必须直面不可回避的现实。要改善现状，把学生从功利化学习、思维惰性的旋涡中拉出来，就要从高职学生的实际情况及人才培养的目标需求出发，多方联动，与时俱进，更新教学理念，转变教学模式、打破固有思维的限制，激发学生在大学语文课堂上的学习兴趣，让大学语文教学在有限的课时中开掘出无限的教学空间，绽放出独特的人文魅力。

（三）本校大学语文信息化教学改革措施

1.更新教育理念，找准课程定位

中共中央、国务院《关于深化教育改革全面推进素质教育的决定》中要求："高等教育要重视培养大学生的创造能力、实践能力和创业精神，普遍提高大学生的人文素养和科学素质。职业教育和成人教育要使学生在掌握必需的文化知识的同时，具有熟练的职业技能和适应职业变化的能力。"这充分说明,高职教育既要培养学生的专业素质,又要培养学生的人文素养。因此,要推进高职语文课程的改革就首先要更新教育理念,科学调整课程定位和培养目标,要始终把学生的发展和成才作为课程改革的出发点和落脚点,坚持"以学生发展为本,重语文能力培养,重职业素质引导,重人文精神建树"的课程理念,找准职业教育与人文教育的契合点,力求在教学理念上体现工学结合的思想;把"教、学、做、练"融为一体,重学生人文精神的培养,重学生表达能力的培养,重学生综合职业素质的培养,真正做到"以人为本",以学生健康、全面的成长成才为根本,在学生全方位发展的基础上,重视学生专业技能的培养和提高,进而才能培养出真正合格的社会主义劳动者。有了这种观念的转变,我们自然就能摒弃掉只抓专业素质,忽略人文素质的错误导向和做法,就不会简单地把学生当作流水线上的产品一样做程式化的"加工",就能真正做到以学生为根本,结合社会发展及学生成才的需求,将课程定位为一门以人文素质教育为核心,融语文教育的工具性、人文性、审美性及文化传承性于一体的公共基础课程。通过该课程的学习,学生能够培养语文综合应用能力,提升人文精神和综合职业素质,为学生更好地适应未来岗位的需求及终身学习和发展服务。

2. 凸显职业教育特色,编写特色教材

教材是重要的教育教学因素。在教学改革中,教材就是新的教学理念的直观反映。教材的质量直接影响着课程改革的成效。为此,本校依据现阶段高职教育的特殊性,编写了适合高职、高专学生特点的教材《大学语文》。这套教材从教学内容、编写体例、编写理念上进行了改革和创新,在教材的内容上突出学生能力、素质训练的要求;在编写体例上体现新颖性,突破了传统的文体编排模式,注重知识性、工具性;在编写理念上突出人文性、实用性、科学性,使教材更加贴近高职、贴近学生、贴近教学,打破了以往以经典篇目至上的缺点,以"实用"为导向,重点加强学生运用语文能力的培养,迎合了新的教育理念对教材的要求。在实际教学中,教师将线上课程与教材配合使用,为学生提供了丰富的教学资源。

3. 改革整体教学设计

大学语文课程是本校的一门公共基础课,它的教育功能体现在三个方面:第一是传授语言知识;第二是岗位培养核心能力;第三是强化品格、素质,激发家国情怀。为树立文化自信、落实立德树人根本任务,教研室对大学语文课程的教学内容进行了筛选和整合,将教学内容分为5个主题单元,分别是以史为鉴厚学载道、家国情怀胸怀天下、亲和自然诗意人生、洞明世事学以致用、感恩惜情修身养性,立足高职教育、职业能力教育、人文素质教育,紧密结合学校办学定位和专业建设方向,引导学生通过学习思想深邃、语言精练的经典作品走进丰富的文学世界，欣赏汉语的独特韵味，在不知不觉中积累精神财富，提升人文素养；同时，结合项目教学法、情境教学法、案例教学法等多样化的教学方法，辅助使用超星学习通大学语文在线课程，包含课件、视频、文档、试题库等立体化教学资源，开展泛在、开放、个性化学习方式，全程采集学习数据的信息化教学手段，调动学生语文学习的内在需求，注重"职业性"，突出"实用性"，强化"人文性"，切实为提高教学实效服务。

4. 提高教师信息化水平，推进"双师"建设

在信息化教学改革过程中，引导、督促教师更新教学理念，了解现代教学与传统教学模式的异同，主动将信息化手段通过更科学、合理的方式融入具体的课程教学中。在推行过程中，实行"以老带新"，将资深教师的专业教学经验和新教师的信息化技术能力充分运用、有效融合，合作共赢。在业务提升的层面，除了提倡自主学习以外，以信息化教学的基本知识和实践应用为主要内容组织统一培训，鼓励教师参加各级各类教学比赛，以赛促练，进一步提高信息化教学的整体应用水平。同时，推进"双师型"教师队伍的建设，积极鼓励教师到企业去实践锻炼，开阔思路和视野，了解企业职工对基础文化的需求方向，了解课堂教学与企业需求之间的差别，加深对如何培养高素质技能应用型人才的认知，使教学过程具有实践性、开放性与职业性。

5. 促进传统课堂与网络资源的有效整合

首先，教师要加强信息化教学技术的应用，积极创造应用"互联网+"下的硬件设施和软件优势，掌握更多样化的资源搜索和归纳整理的方法，筛选具有代表性的经典栏目，高效利用各类交互式平台，将课程知识以更恰当的方式呈现给学生，搭建资源共享的高效系统，如共享精品课程的 MOOC 平台、课程软件 App、校园网图书库、推送优质文章的微信公众平台、相关论坛网站等；其次，广泛投入使用互联网技术下的教学题材和高效的教学手段，如 PPT 幻灯片、音频、视频、图片、影视、课例作品库等。教师不断推进教学改革，尝试新型教学模式，如基于微信平台开设的 PBL 教学模式、云班课、微课、微视频、翻转课堂等教学模式，培养学生的发散思维，提升其运用多路径解决问题的能力；此外，根据各院系学生的实际情况，有序、适宜地开展信息技术线下集中培训和线上网络培训，引导学生在学习文学经典的同时，提高信息化技术，并结合"互联网+"的数据库优势，积极制定"1+X"考评机制，在此基础上逐渐创新教学模式，促进"互联网+"与传统大学语文课堂的有效整合。

6. 教学评价过程化、多元化

衡量一门课程考核方式是否具有科学性与可持续性，主要可以看以下几个方面：一

是考核指标与课程教学目标的契合度；二是能否将学生学习过程、行为和成果转化成可测量的学习证据；三是能否对学生形成促进和激励，激发其自主学习的热情，形成学习能力迁移；四是是否具有可操作性，便于教师管理组织。考虑到以上因素，我们在考核方式的改革上力求做到考核指标课可测量化、考核评价过程化、考核方式多样化、评价主体多元化，通过对学生进行观察、感知、交流、合作的综合形式，鉴定课程教学的综合效果。

具体来说，大学语文课程逐步形成了以过程性考核为主的评价模式，其中语文知识占 40%（期末考核）、语文应用能力占 30%（实践活动）、课程表现占 30%（过程性评价），将课业考核和辩论演讲、问卷调研、朗诵大赛、才艺表演比赛、报刊投稿、文学座谈会、读书交流会、情境表演、新闻报道等实践活动有机结合，根据不同考核内容灵活运用不同考核方式，分阶段测试、综合计分，形成总评成绩，让每位学生都可以展示出优势，感受自我价值，体验成功的乐趣，并清楚自己的弱项，明确努力的方向。课堂教学实现师生、生生的良性互动，关注教学全过程的信息采集，有利于分析学习成效，满足学生的即时评价需求，增强学生学习内驱力，方便教师及时调整教学策略，提高教学针对性。

（四）语文信息化教学改革实践案例

1.BOPPPS 模型的含义

BOPPPS（Bridge-in，Objective，Pre-assessment，Partici-patory Learning，Post-assessment，Summary）教学模型，是由温哥华大学教学技能发展工作坊顺应高等教育大众化发展趋势而开发的参与式教学模型，它包括导入、预期成果、前测、参与式学习、后测与总结六个步骤环节。各部分环环相扣、承上启下，构成某个知识点或某个教学过程的有机整体。BOPPPS 模型以建构主义和交际法为理论依据，打破传统课堂以教师讲授知识为主体的模式，强调学生的课堂主体性、参与性、互动性以及最终的教学实效。

选择在诗歌鉴赏单元使用 BOPPPS 模型对课堂进行改革，主要基于以下四个方面考虑：其一，该模型强调学生全程参与，适合高职学生的学情，他们普遍对理论讲授型学习缺乏兴趣，倾向于动手操作和参与体验；其二，该模型采用问题驱动、多种教学方法和手段并用，注重明确的目标实现，有助于帮助高职学生克服自制能力较差、注意力不能持久集中等问题，让师生紧紧围绕教学目标进行互动；其三，该模型强调学生的参与和反馈，能够激发高职学生的内驱力，增强学生的创新创造能力，让他们在互动与体验中感受自我价值，增强学习的自主性和责任感；其四，该模型的各个教学环节清晰，可操作性强，能够将线下课堂的生动直观与线上资源的丰富多元优势互补，便于特殊时期线上线下混合式教学过程的监控与考查。

2. 基于 BOPPPS 模型的线下线上混合式课堂教学设计

（1）新颖、有趣的开始，激活学生背景知识

优秀的课程导入，能够最大限度地激发学生的学习兴趣和参与动机，使学生对即将学习的新知识产生期待。在教学实践中，导入可选择与新知识点相关的故事情节、情境案例或者问题互动，常见的设计方法有两种：一是从已知、已掌握的事物入手，可以是学生的生活经历、社会见闻、名人名言、影视片段等；二是从陌生的、不熟悉的事物入手，包括奇闻趣事、精彩片段、悬念解析、强烈对比等。

在《水龙吟·登建康赏心亭》这课的教学中，我们针对不同专业学生进行有差别的课程导入，如在旅游专业，从"建康赏心亭"图片和视频入手，让学生结合已有知识说出这个地点的现状、旅游解析以及相关历史事件；在工程专业，由于学生文化基础较为薄弱，我们播放影视作品《辛弃疾》片段，让学生在了解作者生平和这首词的历史背景之后，发表观后感，进而切入课文；在文秘专业，我们用"咏史怀古"名言名句接龙游戏破冰，为学生营造生动有趣的课堂氛围……无论哪一种方式，都考虑到了学生的实际情况，真正做到了灵活调整、因材施教，最大限度地激发了学生的兴趣和求知欲，为后续学习奠定了良好的基础。

（2）设定明确、可控的学习目标

清晰、具体的教学目标是课堂的出发点和归属点，是课堂教学的灵魂，所以设置的教学目标必须切实可行、便于控制、利于评价、相对公平。传统的高职语文课堂也有教学目标，但目标往往基于教师单方面对教学过程的认知，学生被动接受，一个教学过程结束就默认教学目标也随之实现。在 BOPPPS 模型中，教学目标由教师和学生双方构成：教师的教学目标要结合学校人才培养目标、学生的知识储备情况、职业岗位需求，以及课堂教学的时间、教学方式等来综合设定；学生的学习目标包括知识目标、能力目标、素质目标以及思政目标，这些目标不但关注知识学习，还注重学生学习的过程与方法、情感体验与价值取向、审美能力与创造创新……所以，设定教学目标需要综合考量、仔细斟酌、三思后行。

在《水龙吟·登建康赏心亭》这课的教学目标设定中，我们依据布鲁姆的教育目标分类理论，设计了从低到高三个学习目标：低阶目标——了解辛弃疾的生平和词作特色，解读文本中的景色描写与典故涉及的历史人物、历史事件；中阶目标——领会写景的目的、典故所蕴含的深层含义和用意，解读作品的艺术特色，探索作品的丰富意蕴；高阶目标——领会文章的主旨思想，提升诗歌鉴赏能力，养成健康、高尚的审美情趣，提高综合人文素养，并能在小组合作、师生互动的基础上提升组织协调能力、思维创新能力。

在"课程思政"的大背景下,这次课的思政目标是学习作者博览众书、文贤武能的生活态度,感受封建时代文人关心国家前途命运、以天下为己任的责任感和主人翁精神。当教学目标明确后,针对性选择教学手段和方式,教学环节轻松自然、水到渠成。

（3）必要的课堂前

郭思乐教授提出的生本理论认为,教师要从组织教学转向组织学生的学习,从设计教学转到设计学习。所以,要真正调动起学生的自主学习力,教师要善于"帮学",而前测就是其中重要环节。课堂前测指通过不同的方式对学生前期的预习效果、所拥有的知识储备、所掌握的学习方式等进行预先测试,让教师做到心中有学生、设计有针对、策略有依据,可以在很大程度上加强教学活动的实效性,有利于帮助教师适时调整教学内容的深度和进度。课堂前测方式有多种,比如,通过相关知识点辨析、图片视频的赏析,或者使用 App 在线测试调查等来巩固已有知识、拓展知识储备;可以就相关主题或者阶段性项目任务进行小组合作、分组竞赛,激发学生的参与主动性和合作意识;设计与文本知识相关的开放式提问,进行"头脑风暴",培养学生的创新思维、发散性思维等。设置课堂前测要把握几个原则:一是紧扣文本,简练具体。教师应考虑高职学生的学习心理和认知水平,紧扣文本,由浅入深、由简到繁地捕捉学生的兴趣点,适量设计前测任务,不要为追求课堂的表面繁荣而偏离教学根本目标。二是兼容并包,难易恰当。高职学生生源较广,不同地域、不同专业的学生文化功底参差不齐,因此前测难度不宜过高,尽量让大多数人有参与的兴趣和信心,避免一些学生因畏难情绪而产生回避心理。对于能力富余的学生,可以设置附加题或者开放式表达的题目。三是服务专业,学以致用。高职院校的文化基础课要积极为专业人才培养做好服务,所以语文课堂不但要"审美",还要"实用",可以在设置前测时考虑与专业知识、专业技能紧密衔接,调动学生动手、动脑的积极性,兼顾语文学习的人文性和工具性。

对于《水龙吟·登建康赏心亭》这课的前测,在艺术设计专业布置的是"根据自己的理解、领悟和想象,用动漫、简笔画、水彩画、素描等形式为课文配一幅插图并附上自己的创作说明";在会计大数据专业,布置学生设计一份关于辛弃疾诗词阅读情况的调查问卷,以小组合作的方式,在校园里做一次简单的调查;在文秘专业,可以就这篇词的创作背景,让学生录一段三分钟解析视频,在学习通班级群中发布,并进行点赞、拉票……通过这一环节,学生达到知识的梳理与巩固,激发了兴趣,为学习新知识做好准备;教师则对学生的前期预习情况和相关知识储备有一个基本的了解。

（4）构建师生双主体的参与式课堂

在教育活动中,教师和学生构成实质性的互动关系,存在着相互作用和反作用,他们是对立统一、互相依存的关系。BOPPPS 模型中强调学生对课堂的参与度，激发学生主动地学、有内驱力地参与、有个性地发挥、有情感地投入，探索师生双主体共同发挥作用，达到教学相长、彼此启发、互相促进。构建师生双主体的参与式课堂要遵循以下几个原则：一是平等性原则。教师要转变观念、摆正位置，由教学过程的操纵者、主宰者转变为引导者、激发者，这样才能引领学生由被动的接受者转变为学习的主动者。二是包容性原则。教师要有足够的耐心和包容性，创设安全、适宜的心理环境，允许学生站在他的知识、能力、学识、阅历层面发出自己的声音，消除学生对答案正确性、全面性的恐惧心理，从而帮助学生树立自尊、强化自信。三是整体性原则。教师要与时俱进地学习新方法、新技术、新手段，营造出融洽、有趣、开放、启智的课堂氛围，用多样化的教学方法吸引学生全员参与、全过程参与、全方位参与，做到身入、心入、神入。师生共同爱上课堂时，就能全身心地投入"教"与"学"的活动中，主动展示自己、表达自己，真切感受自我价值的存在，感受到求知的愿望在涌动、创造的灵感在躁动。这是一个系统工程，需要双方一致一贯的努力和付出，不能一时兴起、虎头蛇尾。

在《水龙吟·登建康赏心亭》的课堂教学中，我们设置了几个师生参与环节：一是文本诵读，通过营造音、视、图立体化朗读情境，采用听读、导读、自读、竞读、双人对读、小组齐读等形式，对课文、字词、语音、语意和情感进行全面感知，在诵读中体悟作者情怀心绪、获得自我情感体验，达到心灵共鸣和精神陶冶。二是以字、小名、年号、本名等不同称呼为切入点，讨论词作中所涉及的人物典故，分析作者想要表达的情感，然后分小组作答，这样可以串联起很多文学常识，可以更深刻地理解作者通过不同的称呼寄寓赞扬钦佩、鄙夷不屑、无奈叹惋等不同的情感态度。三是深析文本，知人论世，借助雨课堂学习App 的弹幕功能，让学生以"头脑风暴"的形式，说出我们学过的辛弃疾诗词中有哪些典故，然后重点分析本首词中的三个典故："鲈鱼堪脍""求田问舍""可惜流年"。在分析时，教师遵循"知本意—明用意—品情意"的分析方法，提出如下问题：这三个典故的本来意义是什么？作者此处用典的用意是什么，是正用典故还是反用典故？联系诗歌的创作背景和作者的生平经历，说说作者暗含在典故中的思想情感是怎样的？学生分组讨论，选派代表作答；教师重点评析，引领学生深入理解主旨。

（5）检测学习效果，巩固学习成果

后测是课堂教学的重要部分。及时进行、有效时限短、针对性强的后测不但可以帮助教师了解学生课堂知识的掌握情况，评估教学目标是否达成，还可以提高学生课堂学习的专注度、深化学生对知识的理解。后测环节的设置契合了 OBE 成果导向教育理念——根据学生每个知识点、每个学习阶段应达到的能力和水平，反向设计教学环节，正向实施课程教学与考核评价,聚焦"学生学到了什么"和"是否获得了学习能力",这与当前课堂教学评价改革中将关注焦点从"评教"转向"评学"的趋势是一致的。从教学实践来看,后测不一定固定在课堂的结尾。一个教学目标达成,或者一个教学过程完结后都可以进行检测。它的形式也可以是多样化的、开放式的。以《水龙吟·登建康赏心亭》为例,后测可以是在线答题、知识竞答、作家作品思维导图,也可以是小论文、小辩题、即兴演讲,还可以是 PPT 成果展示。不管哪种形式的后测,只要能为教学目标服务,起到激发学习兴趣、巩固学习成果、提高学生参与度,都可以积极尝试。如果班级学生水平差异较大,后测也可以按水平层次分组,差别化进行。

(6)回顾反思,查漏补缺,承上启下

课程总结是对整个课程内容、环节的梳理与升华。在课后测试的基础上,总结教学内容,点评教学状况,并对下堂课的学习内容和任务进行布置。至此,BOPPPS 教学模型六个环节完整闭合,教学过程的起承转合间促成教学目标的实现。对教学效果不尽如人意的地方,可以通过学生课外作业进一步巩固强化,做到查漏补缺、持续跟进。如《水龙吟·登建康赏心亭》这一课,如果学生对作者用典的深意不能领会,课后可以通过慕课、微课、B 站学习视频等拓展学习关于典故的基础知识,并尝试让学生去分析辛弃疾的另一首咏史怀古词《永遇乐·京口北固亭怀古》中的典故,让学生在对比学习中,再次感受作者字里行间的忧患之意、拳拳爱国之心和英雄悲情,领悟作者活用典故的高超手法,体味含蓄、简洁却韵味无穷的艺术魅力。对于作业完成质量高的或者进步明显的学生,教师可在下次课上进行点名表扬,树立典型,进一步提升学生课题参与度,形成良性循环。

3. 基于 BOPPPS 模型的线下线上混合式教学模式带来的启示

(1)该模式可作为参考,不同教师可视实际教学情况调整应用。教师应在研究学情的基础上灵活把控、适时调整。正所谓:教无定法,贵在得法,不要被表面形式束缚,要创新思维,只有思维"动"起来,教学手段"多"起来,师生感情才会"热"起来,课堂才能真正"活"起来,达到教学改革的初衷。

(2)该模式较适合小班化教学。笔者在不同专业进行教学实践时,发现该模式适合30 人以下的小班化教学,这样有利于教师组织和监控课堂,及时掌控各项任务的完成情况。人数一旦过多,教师的关注度分散,课堂的参与质量就会下降,前测、后测的反馈评价也无法及时传达。

(3)教师要允许学生多样化参与,并注重对学生参与的反馈。新教学模式不但对教师来讲是挑战,对学习能力不那么强、接受新知识不那么快的学生来讲同样也是挑战。因此在课堂参与环节,教师要允许多样化、个性化的参与方式,只要学生愿意参与进来,就是一个好的开端。教师对学生参与进行及时、具体、因人而异的反馈,能有效提升学生的自我价值感,促使学生从边缘参与走向中心参与、从浅层参与走向深度参与。

(五)语文课程信息化教学改革的效果

笔者选取了 2021 级财务管理的一个班级作为语文信息化教学改革试点(以下简称试点班),进行线上线下混合式教学,和采用传统教学方法的一个班级(以下简称对照班)进行对比。对照班基本上以课堂教学为主,较少引入信息技术观念与手段,较少使用多媒体教学平台辅助教学。两个班的学生基本素质相同,文化基础大致相当,使用同样的教材和教参(见表 4-1、表 4-2)。

1. 大学语文课程信息化教学改革实验对照表

表 4-1　教学改革内容对照表

改革项目	教学改革试点班	教学改革对照班
教学目标	1. 培养学生的语文知识和应用技能 2. 提升学生的综合人文素养、审美鉴赏能力 3. 提升学生利用信息技术的学习能力	1. 培养学生的语文知识和应用技能 2. 提升学生的综合人文素养、审美鉴赏能力
教学模式	1. 利用互联网信息技术手段、线上线下混合式开放式教学模式 2. 师生双主体课堂	1. 采取传统课堂线下讲授教学模式 2. 以教师为主体
教学资源	共享精品课程的 MOOC 平台、课程软件 App、校园网图书库、相关论坛网站、PPT 幻灯片、音频、视频、图片、影视、课例作品库等	教材、黑板
教学方法	1. 利用计算机网络辅助教学法,项目化引导,鼓励学生自主学习、自主查阅 2. 利用班级 QQ 群、微信群、超星学习通、雨课堂等和教师、同学之间进行讨论、互动 3. 注重课堂教学实践	1. 以传统"讲解—作业—考试"线下教学法为主 2. 教学活动基本在班级课堂完成 3. 注重理论讲解
考核评价	多元化过程性评价	主要以期末考试评价为主

表4-2　《水龙吟·登建康赏心亭》教案对比表

项目	传统教学法教案	与信息技术整合后教案	比较分析
教学内容	《水龙吟·登建康赏心亭》赏析	《水龙吟·登建康赏心亭》赏析	选择同一教学内容便于比较
教学目标	1. 知识目标：在了解作者生平、作品历史背景的基础上，准确地把握、理解诗的本意 2. 能力目标：在理解和感悟诗歌语言的基础上，品味语言美，体会艺术表现力，感受诗歌意境美 3. 素质目标：体味作者情感，深刻领悟诗歌的爱国情怀	1. 知识目标：运用信息化课程平台资料库，在了解作者生平、作品历史背景的基础上，准确地把握、理解诗的本意 2. 能力目标：运用信息化课程平台资源库上的朗诵讲解视频、名师微课，在理解和感悟诗歌语言的基础上，品味语言美，体会艺术表现力，感受诗歌意境美 3. 素质目标：体味作者情感，深刻领悟诗歌的爱国情怀	后者更注重学生利用信息技术自主学习能力的培养
教学方法	"讲解—作业—测试"式教学法，教师为中心，学生根据教师讲解进行学习	用多媒体辅助教学法，利用网络探究式自主学习法、"以问题为中心""以任务为中心"讨论学习法	对照班采用传统封闭式教学法；试点班基于信息技术的开放式教学法
教学过程	1. 教师领读、学生跟读全文，初步了解字词、诗意 2. 教师分析讲解文本，引领学生品味语言美，体会艺术表现力，感受诗歌意境美 3. 教师引领学生体味作者情感，领悟诗歌的爱国情怀	1. 运用BOPPPS模型中的导入、设定目标、前测，引导学生自主学习，初步了解字词、诗意 2. 师生双主体课堂探讨，借助信息化课程平台资源库上的朗诵讲解视频、名师微课，在理解和感悟诗歌语言的基础上，品味语言美，体会艺术表现力，感受诗歌意境美 3. 后测和总结，查漏补缺	传统教学过程主要是教师讲解；信息技术视野下的教学过程充分利用信息技术，开放式、多元化学习
教学评价	1. 观察学生学习兴趣 2. 课堂提问 3. 布置课堂作业	1. 运用线上线下学生反馈，观察学生学习兴趣 2. 利用网络学习平台交流讨论 3. 利用互联网布置形式多样的作业	对照班注重学生基本知识掌握的评价；试点班注重综合能力的评价

2. 信息化教学改革效果评价

（1）评价体系的制定。试点组与对照组采取统一评价体系进行评价，了解教学改革成效。请教育教学、信息技术、行业专家帮助制定改革评价体系，主要包括学习效果问卷表。具体评价指标有学习兴趣、信息素养、自主学习能力。学生考核成绩：期末综合考核成绩。

（2）研究过程中问卷调查的设计与实施。①问卷的设计。本次问卷设计根据得到了专家组的指导,根据"信息技术视野下教学改革"目的进行设计,主要调查的对象为2021级在校学生。设计问卷问题主要是有关高职学生学习兴趣、自主学习能力、网络知识、信息技术使用的一些问题。问卷调查采用不计姓名形式,解除学生的顾虑。问卷包括实验前问卷和实验后问卷,有利于改革实验效果研究。②问卷的实施。本实验研究根据教学进度和研究计划共进行两次问卷调查。问卷以书面形式分别在试点班和对照班发放问卷,并以集中填答的方式进行。在填答之前向学生讲清楚,本问卷只做研究用,不作为学生学习成绩量化的依据。参与答卷的学生共计118人(试点班65人,对照班53人)。共收回书面问卷118份,每次问卷回收率均为100%。

(3)调查结果统计。问卷调查结果和学生成绩均用EXCEL进行数据处理。

①实验前结果统计。大学语文课程教学实施前,对试点班和对照班学生进行问卷调查,包括学生基本情况、学习兴趣爱好、对大学语文课程的了解情况、对信息技术的了解熟悉情况四个方面问题。调查统计结果如见表4-3所示。

表4-3 试点班和对照班学生问卷调查结果

项目	调查内容	选项	人数	百分比
1	你的性别	A. 男	42	35.6%
		B. 女	76	64.4%
2	你对开设语文课的看法	A. 有必要	84	71.2%
		B. 没必要	23	19.5%
		C. 无所谓	11	9.3%
3	你的学习动力主要是	A. 报效祖国	33	28%
		B. 报答父母亲人	53	44.9%
		C. 实现自身价值	32	27.1%
4	你积累语文知识的主要途径	A. 课堂教学	75	63.6%
		B. 生活观察和体悟	12	10.2%
		C. 互联网平台	31	26.2%
5	你认为语文课程教育现状	A. 很好	24	20.3%
		B. 不错	44	37.3%
		C. 一般	37	31.4%
		D. 较差	13	11.0%
6	你对语文课程信息化教学改革的态度	A. 有必要	77	65.3%
		B. 没必要	28	23.7%
		C. 无所谓	13	11.0%

项目	调查内容	选项	人数	百分比
7	你使用网络的主要目的	A. 浏览信息	17	14.4%
		B. 辅助学习	21	17.8%
		C. 社交聊天	44	37.3%
		D. 打游戏	36	30.5%
8	你使用网络的途径	A. 学校机房	42	35.6%
		B. 校外网吧	5	4.2%
		C. 宿舍电脑	71	60.2%
9	你的上网时间主要在	A. 课余适当时间	85	72.0%
		B. 偶尔旷课上网	10	8.5%
		C. 经常旷课上网	10	8.5%
		D. 夜间通宵上网	13	11.0%
10	你怎样看待过度上网	A. 影响学习应改正	77	65.3%
		B. 个人需求应满足	32	27.1%
		C. 顺其自然无所谓	9	7.6%

结合笔者在教学实践中的经验，发现在学生学习中存在一些值得关注的问题，现分析如下：第一，调查对象中有84人认为开设语文课程很有必要，占71.2%，说明大部分学生对学校开设语文课程持认同态度。第二，调查对象整体上学习内驱力不强，有53人认为学习是为了"报答父母亲人"，占比44.9%，说明他们缺乏努力实现自我价值的内在动力。第三，有63.6%的人认为积累语文知识靠课堂教学，说明大部分学生习惯传统学习模式，但是有65.3%的人认为有必要进行信息化教学改革，说明语文课程改革有很大完善空间。第四，学生存在过度上网情况，8.5%的人经常存在旷课上网的现象，8.5%的人存在通宵上网的现象。上网打游戏和社交聊天的分别占30.5%和37.3%，很多学生对信息技术使用不是用在学习上，而是用在社交娱乐上。

思考：笔者认为互联网是一把"双刃剑"，针对部分学生存在"网瘾"不能自控的现象，教师在教学过程中要加以正确引导，必要情况下要采取一些约束管控措施，真正做到利用信息技术来服务课程教学。

②实验后结果统计与评价（见表4-4）。第一，试点班学生自主学习意识增强，学习兴趣提高。借助信息技术手段实现良好的资源导航、智能导学、个性化娱乐化学习及自主学习，激发了试点班学生的求知欲，他们对课堂教学表现出较高的期待，学生满勤率达到80%，而对照班的学生满勤率只有45.3%。问卷调查显示，试点班学生的学习兴趣较对照班更高、自主学习意识更强、与教师的互动交流更多。

表 4-4　被试主体学习兴趣和主体意识的比较

调查内容	选项	试点班		对照班	
		人数	百分比	人数	百分比
1.通过学习，你觉得语文课程	A.很有价值，愿意学习	54	83.0%	34	64.2%
	B.价值较小，没什么兴趣	11	17.0%	19	35.8%
2.你觉得教师的课程导入方式	A.新颖有趣	63	96.9%	32	60.4%
	B.感觉乏味	2	3.1%	21	39.6%
3.你觉得教师的授课方式	A.新颖有趣	62	95.4%	35	66.4%
	B.感觉乏味	3	4.6%	18	33.9%
4.你在课堂参与互动的机会	A.很多	48	73.8%	14	26.4%
	B.一般	15	23.1%	26	49.1%
	C.较少	2	3.1%	13	24.5%
5.你每次课与教师、同学线上线下交流综次数为	A.5 次及以上	22	33.8%	4	7.5%
	B.2~4 次	32	49.2%	16	30.2%
	C.1 次以下	11	17%	33	62.3%
6.你认为课堂使用信息化多媒体教学	A.资源丰富，激发兴趣	58	89.2%	45	85.0%
	B.不习惯，不喜欢	2	3.1%	4	7.5%
	C.无所谓	5	7.7%	4	7.5%
7.你认为教师布置的线下线上混合式作业	A.新颖有趣，能锻炼能力	61	93.8%	22	41.5%
	B.感觉乏味，形式主义	4	6.2%	31	58.5%
8.本学期你缺席的次数为	A.3 次及以上	4	6.2%	8	15.1%
	B.1~2 次	9	13.8%	21	39.6%
	C.没有	52	80.0%	24	45.3%

　　第二，试点班学生综合信息素养更高，对待网络更理性（见表 4-5）。21 世纪是互联网信息技术高度发达的时代，高等职业教育培养出来的学生需要具备一定的信息素养，所以我们在语文课程教学过程中通过全面深化改革，有目的地培养学生利用信息技术自主学习语文知识的应用能力，培养学生合理使用现代化信息技术产品的能力，通过教学信息化改革实践，教会学生合理、适度、科学、健康使用互联网信息化技术。从实验数据对比结果来看，75.4% 的试点班学生认为信息化技术应该主要应用于各种学习和自我提升，而对照班这一数据为 62.2%；83.1% 的试点班学生认为"网瘾"需要适度控制，而对照班这一数据为 66.4%。可见试点班学生在教师的引导和自身的实践锻炼之下，综合信息素养更高，能够理性对待信息化技术。

表4-5 被试主体信息素养和网络认知情况调查

调查内容	选项	试点班		对照班	
		人数	百分比	人数	百分比
1. 你认为信息技术对语文课程的帮助	A. 有很大帮助	55	84.6%	34	64.1%
	B. 帮助不大	10	15.4%	19	35.9%
2. 你使用互联网主要是	A. 多渠道学习，提升自己	49	75.4%	33	62.2%
	B. 休闲娱乐、交友聊天	16	24.6%	20	37.8%
3. 你认为"网络依赖"现象	A. 不好，要适度控制	54	83.1%	35	66.4%
	B. 个人喜好，不必小题大做	11	16.9%	18	33.9%
4. 你每天上网休闲娱乐的时间为	A. 4小时及以上	6	9.2%	23	43.4%
	B. 2~3小时	41	63.1%	26	49.1%
	C. 1小时左右	18	27.7%	4	7.5%
5. 你在现实生活中，与人交往的态度	A. 积极主动	32	49.2%	16	30.2%
	B. 不主动、不拒绝	21	32.3%	23	43.4%
	C. 很被动	12	18.5%	14	26.4%

　　第三,本实验研究发现,学生学习过程更加发挥学习主体性和主观能动性,学习由被动学习向主动学习转变,激发了学生的学习兴趣,有利于学生学习效果的提高。加之信息技术与课程整合的教学模式,信息技术可以帮助学生理解一些枯燥、抽象的文字内容,提高学生获取知识的效果。从数据对比分析可以看出,试点班学生的及格率、优秀率、平均分与对照班级相比都略胜一筹(见表4-6)。

表4-6　被试主体学期末成绩比较

班级	及格率	优秀率	平均分
试点班	98.1%	33.7%	88.9
对照班	89.2%	21.4%	72.6

通过图4-3,我们可以更为直观地分析出被试主体期末成绩之间的差异。

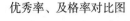
优秀率、及格率对比图

平均分对比图

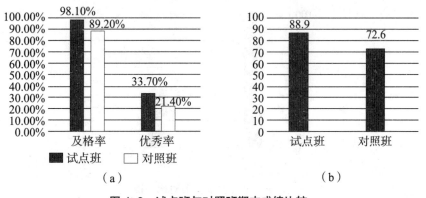

（a）　　　　　　　　　　　　　　　（b）

图4-3　试点班与对照班期末成绩比较

第四,试点班学生参与语文实践活动积极性提高。试点班通过多种信息化手段进行教学,通过学生线上线下的朗诵、演讲、访谈、辩论、调查等途径,以及举办文化节、知识竞赛等方式,培养学生动手、动口、动脑的能力,既能将枯燥问题趣味化,激发学生的主体意识和内在体验,又能知行合一、学以致用,巩固和提升教学效果。此外,改革后的考核方式注重过程性、多元性,能够多方面呈现学生的价值和学习成果。根据统计数据分析,试点班学生参与语文实践活动达到 97% 以上,平均每人 4.2 次,而对照班的参与率只有 44%,平均次数不到 1 次(见图 4-4)。

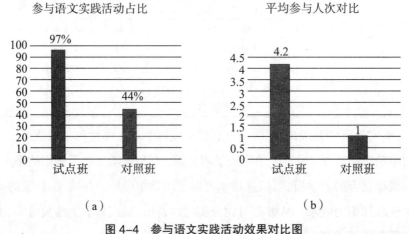

图 4-4　参与语文实践活动效果对比图

第五,试点班学生专业认同感普遍加强,对未来就业和生活信心提升。在信息化教学改革中,我们利用强大的网络资源和丰富的课程平台,强化了以服务专业为导向的理念,融入了很多跟专业相关、岗位需要的学习内容,配合国家相关政策,让学生对所学专业的重要意义有更深刻的认知,引领学生在文化思辨中,将所学知识内化为自觉的人生态度和价值选择。根据访谈数据分析,87% 的试点班学生认为自己毕业后会从事与专业相关工作,而对照班学生认为自己能够找到专业对口工作的只占 51%(见图 4-5)。

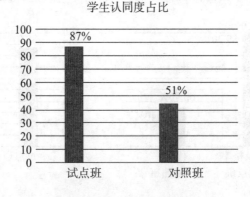

图 4-5 学生认同度对比分析

第六，对参与信息化改革的教师采用问卷调查，结合教学能力大赛效果分析得出结论：进行信息化教学改革之后，线上线下混合式教学提高了教师的教学信息化意识，促进了信息技术与专业课程相融合，提高了教师运用现代信息化教学手段的能力，对改善教学效果有积极的推动作用，也强化了教师更新自己知识结构、树立终身学习的意识。82%的试点班教师愿意积极参与教学能力大赛，期望做到以赛促教、以赛促学；对照班的教师在这方面的意识稍微薄弱，参与意愿为51%（见图4-6）。

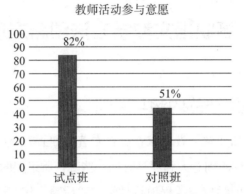

图4-6　教师活动参与意愿对比图

（4）语文课程信息化教学改革实践成效。在信息技术视野下，通过语文课程信息化教学改革的实践与研究，我们看到了改革的成效。第一，本校大学语文课程信息化教学改革符合国家对教育信息化改革发展的要求，符合高等职业学校发展要求和本校实际情况。第二，我们在教学改革实践中初步做到了解放思想、与时俱进、实事求是，既有对其他院校、其他课程教学改革方法的借鉴与参考，也有自己独到的思考和创新，形成了自己的教学模式和教学特色，提升了学生的学习兴趣，提高了教学实效。第三，除了教授知识，我们的课程改革还特别注重"育人"，不断引导学生树立正确的观念，理性对待互联网信息化技术，真正做到人格独立、身心健康、科学用网。

第五章　高职语文教学方法创新

第一节　高职语文教学方法创新之项目教学法

一、项目教学法的内涵与原则

美国教育家凯兹和加拿大教育家查德在专著《项目教学法》中指出，当前我们所认为的项目教学法应当溯源到意大利罗马时期一些院校所组织的建筑设计类赛事上，这可能是我们了解的最早的学校类课程项目教学实践活动。随着这类赛事的不断推广和提高，这种形式开始逐步流行，进而被一些国家所接受和应用，诸如法国、德国等国家。随着这类赛事的进一步深入，人们开始关注于相关领域的研究，这就促成了项目教学法的产生和发展。

国内项目教学法主要包括理论和实践两个方面的研究成果。职业领域方面具有代表性的著作有吴言的《项目教学法》，主要是明确职业教育中的项目教学法的定义；徐涵的《项目教学的理论基础、基本特征及对教师的要求》主要认为现实生活中的问题是项目教学的主要内容，应该与个人的兴趣一致；刘景福、王卫红的《基于项目的学习》主要认为项目教学的活动应具有一定的挑战性，具有建构性，活动应该与学生的个性一致；杨长亮、徐国庆的《职业教育项目课程实施研究》从评价的角度，认为各门课程要根据自身特点，建立特有的评价框架，教师应该利用实践性问题进行考评。在实践教学方面，项目教学较多地运用在职业教育中，如肖胜阳的《在计算机课程教学中开展项目教学的研究》通过实验对比了项目教学与传统教学法有效性的差异。

（一）项目教学法的内涵

通过分析不同学者对项目教学的研究，我们可以认为项目教学法是一种创新型的教育教学模式，是对教学过程中学生主体作用体现最明显的一种教学模式。教育教学法的核心在于对学生学习主动性的强调，使学生成为课堂真正的主人。

项目教学法就是在教师的指导下，将一个相对独立的项目交由学生自己处理，信息的收集、方案的设计、项目实施及最终评价都由学生自己负责。学生通过该项目的进行，了解并把握整个过程及每一个环节中的基本要求。在项目教学法的教学中，学生策划并且执行项目活动。这种方式能够使学生主动学习、主动参与，能够全面提高学生的学习主动性、积极性和创造性。

（二）项目教学法的原则

1. 兴趣导向与实用导向相统一的原则

项目教学法要求在项目制定时充分考虑学生的专业需求，以提升学生的专业竞争力为出发点，增加教学项目的实用性；同时在这一基础上，兼顾对于学生学习兴趣的激发和培养，强化学生学习状态，加强学生学习自觉性和主动性，使学生既能爱上学习这个过程，也能实实在在提升自身的职业竞争力。

2. 知识传递与技能培养相结合的原则

传统教学模式注重对于学生知识掌握程度的考查，而项目教学法除了重视学生对于知识掌握程度的提高，同时更加重视学生实践技能的培养。因此，项目教学法不但是知识传授层面的教学方式，更是技能培养层面的教学方式。在处理学生学习项目时，必须重视项目本身的知识性，在此基础上使项目更加完善，达到项目的操作性要求，使学生真正在项目运行的过程中既锻炼自身的工作技能，同时也不忘加强自身的知识储备。

3. 教师指导与学生自学相促进的原则

项目教学法实施过程中最重要的就是学生这一主体，但教师作为指导者的重要地位也是不容忽视的。项目教学法既是学生这一主体的自主学习模式的充分展示，也是教师指导学生学习、促进学生学习的重要表现。因此，项目教学法的实施必须全面加强学生自学能力的培养，同时增强教师的指导能力，双管齐下，才能促成项目教学法的妥善应用。

4. 集体教育与个性发展相补充的原则

与传统教学模式相比，项目教学法的特色或者说是亮点在于其小组合作的模式。这一模式可以极大程度上促进学生的个性发展。每一位学生都能够在小组中找到合适自己发展的定位，从而使自己的个性得到充分发挥。但是，教育既要能够因材施教，也要对学生进行集中引领，因此集体教育在项目教学法的应用中也占据着重要的地位。只有兼顾集体教育与个性发展，才能更好指导学生完成既定项目，为学生的个性发展奠定良好的基础。

5. 成果展示与评价反馈相辅助的原则

项目教学法的实施具有两个不能忽视的重要方面：项目结束后的成果展示和对于

项目结果的评价与分析。项目教学法的精彩之处在于激发学生的学习兴趣,而学生学习兴趣的主要提升点在于最后的成果展示。正是学生成果展示环节所带来的表现欲才是增强学生学习兴趣的重要一环。另外,项目教学法成功与否的关键在于项目评价环节,这是促进项目开展稳定提高的重要保障。因此,在项目教学法的实施中,既要加大成果展示的比重,更要重视项目评价的精细,这样才能有助于项目教学法的逐步深入。

二、项目教学法在高职教学中的应用优势

(一)教学形式新颖,激发学生学习兴趣,提高学生创造性

项目教学法让学生在学习过程中能充分发挥个人主观能动性,从选择感兴趣的项目开始到成果展示结束,始终都是在教师指导下自己完成学习。教学形式的改变,激发了学生学习兴趣。学生带着兴趣去思考、探索,学习不再关注最终的结果,更在乎的是过程。学生从过去的被动学习转变成主动学习。教师对学生学业的评价也不再是过往的统一标准,更多的是灵活评价,而学生在此过程中很容易获得学习的成就感,创造性也得到进一步的提高。

(二)和谐师生关系的建立,有效地提高课堂教学效率和质量

在项目教学法实施过程中,学生主体学习地位得到彰显,一改过往被动学习的局面,师生交流变得频繁。项目学习过程是师生共同学习和成长的过程。学生从选定项目开始,收集大量的资料、制订计划、进行探究性学习,最后展示作品成果,每一个步骤都凝聚学生的努力,通过构建自己的知识体系,知识和技能得到不同程度的提高,这有赖于学生的内在学习动力。教师在项目学习伊始,扮演着组织者和引导者的角色,关注学生的个体差异,让每一位学生都有施展才能的舞台,促使学生自主学习能力的发挥。学生在学业上的进步,既是对教师教学上的肯定,更是教师进行教学改革的动力。教师在这种轻松、民主和平等的教学气氛中,构建良好的师生关系,与学生共同分享学习的成功与喜悦,使得课堂教学效率和质量得到有效的提高。

(三)促进实现课堂"三维"目标,培养学生职业能力

项目教学法不再只是强调个体通过感知、思维、想象和记忆力等方式来学习,更注重知识的联系。丰富的项目教学实践除了巩固已有的识记知识外,还利用各种手段拓展学科的外延,让学生置身仿真工作情境,解决实际问题。这是学生用知识发展技能、陶冶性情、拓宽视野、培养职业能力的过程,同样也是课堂"三维"目标实现的过程。学生能充分运用已有的知识解决语文综合实践活动中的问题,知识与能力得到不同程度的提高与

发展,学习的积极性被调动起来,自主学习的能力也得到增强。实践证明,项目教学法有效提高学生思考能力、判断分析能力、表达能力、实际操作能力等。

在当今知识经济社会,新能源和工艺层出不穷,对技术人员的职业能力要求也在不断提升。项目教学法中"不是人人都能成功,但人人都能进步"的指导思想,非常适合学生发展职业能力。项目教学法中小组合作学习形式充分发挥学生学习动力,让学生学会与人沟通,培养责任感和团队合作精神,完善人格的发展,这为学生职业能力的形成奠定了良好的基础。

(四)加强师生双方信息的传递,促进师生创造能力的发挥

项目教学法中信息传递是双向的,教师发挥教学和指导的作用,学生完成听课和活动的内容。由于没有限定教案和教学资料,教师可以利用教学资源引导学生深入研究现实生活中的事物。由于学生存在个体的差异性,教师需要依靠自己的智慧有创造性地正确引领学生共同完成项目教学内容。

具有创造力的教师,能大大激发学生学习的积极性和创造性。学生在认真、自主地完成项目教学任务时,因为没有标准答案的束缚,所以能够轻松利用发散性思维完成项目教学内容。师生在此过程中能互相启发,促进创新意识的发展,两者的创造性和应变性都能潜移默化着对方。

三、项目教学法在高职语文教学中的应用流程

项目教学法在高职语文教学中的应用流程如图 5-1 所示。

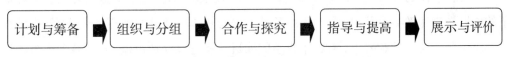

计划与筹备 ➡ 组织与分组 ➡ 合作与探究 ➡ 指导与提高 ➡ 展示与评价

图 5-1 项目教学法在高职语文教学中的应用流程

(一)项目教学活动的计划与筹备

项目教学法指导下的教学活动计划和筹备,要求我们要在一切项目教学活动开展前,充分明确本次教育教学创新改革的重要意义和实践价值,并充分向学生申明活动的严肃性和实用性,同时在教育教学的各个环节中充分体现项目教学法的平等性原则,积极建立良好的师生平等互助关系,充分激发学生的学习兴趣和学习积极性。

准备充分的项目教学,设计符合学生需求的活动,能够满足学生的兴趣爱好,并让每一名学生都完全参与到具体的项目设计和项目准备的过程中,从而使学生在本次教育教学创新改革中全部完整、有效地参与项目教学的所有环节,使其得到全面、有效的发展。

在互联网时代背景下，教师可在项目教学活动开展之前，充分利用线上资源搜集项目教学活动相关资料信息，不断丰富和优化项目教学活动的过程，确保项目教学活动顺利开展。另外，学生也可以在网络空间查阅相关的项目教学内容，积极思考并向教师建议项目活动主题、形式等，为项目教学活动的开展做好充分的准备。

（二）项目教学活动的组织与分组

项目教学法指导下的教学活动以小组活动的形式来完成。加强小组建设是项目教学法的关键所在。在项目教学中应用创新意识的小组设立，可以全部根据授课班级的具体人数和授课内容的具体要求由师生共同商议确定。在互联网背景下的项目教学改革中，将学生按照每小组 3~6 名同学的标准进行小组划分，在充分考虑学生意见的基础上，结合项目实际需求，圆满完成小组划分工作，实现资源的整合和分配。

（三）项目教学活动的合作与探究

项目教学法指导下的教学活动最重要的就是确保小组合作与探究的真实、有效。互联网时代背景下的项目教学法教学改革高度重视小组学习活动的深入开展。具体来说，在互联网背景下的项目教学活动中，师生共同制订每个小组的工作任务，为每个小组都建立完善、合理的管理制度，这能够使各个小组的成员都有明确的工作方向，能够共同寻找资料并集中交流讨论。同时，各小组之间都能保证有各自独立明确的分工，但也能形成统一的整体，充分增进小组学习的效率，保障小组学习的效果。

（四）项目教学活动的指导与提高

项目教学法的重要成功因素是教师的指导必须跟进到位，行之有效。在互联网背景下的项目教学法教学改革中，每当小组活动学习的具体项目分发到各个小组后，指导教师都应按照一定流程和要求，对各个小组的项目开展进行分别跟踪，对于各个小组的学习活动要能够实时跟进，及时发现问题并解决问题，保障小组的项目有效完成。同时，在项目教学法教学改革中，各个项目小组全部按照要求及时选出小组负责人。小组负责人在完成项目的过程中作为小组代表，能够及时、有效地向大家报告项目的进展，并且及时监督小组的学习活动情况，充分保证项目在规定时间内有效完成。此外，为了确保项目教学法创新改革的成功，每个项目小组还可以选出专门负责人，特别负责完成各个项目所需的资源整合和资源共享工作，保障项目整体的稳步推进。

（五）项目教学成果的展示与评价

项目教学法中的成果展示是整个流程中的重要反馈环节。项目教学法教学创新改革中的成果展示全部公开进行。每次成果展示时，全体参与该项目的小组成员须全员到场,使该项活动能够有效开展。所有项目的展示全部交由学生自主完成,而指导教师在展示过程中维持整体纪律,使得所有项目的展示最终都能够平稳、有效进行。项目教学创新改革的亮点在于全体师生均参与项目的评价环节,即学生进行自我评价和交叉评价,而教师对学生的评价做出指导和点评,引导学生在评价的过程中相互学习、共同进步、切实提高。

四、项目教学法在高职语文教学中的创新应用案例

"互联网+"背景下的高职语文以培养学生的人文素养为主要教学目标,注重培养学生的实践能力和全面发展。诗歌作为高职语文教学中的重要组成部分,其中所蕴含的情感和内涵有助于促进高职学生人文素养的提升,引导学生学会运用审美思维去感受生活,而这种思维的锻炼对学生今后的全面发展大有裨益。因此,下文就以语文教学中设计实施诗歌朗诵比赛项目作为实践案例,详细阐述项目教学法在高职语文教学中的创新应用。

(一)项目教学目标设置分析

首先,培养目标由传统的语文相关知识性的学习转为侧重提高学生人文素养。在项目教学法的创新应用下,教师向学生传递相关的文化信息,引导学生把文章放在文化的大背景中去学习,在带领学生分析、体味作品时,要淡化显性的知识性的学习,不局限于一词一句释义、一诗一文翻译的表面解读;精心为学生创设情境,引领学生着眼于文化大视野,把握作品细节,发掘文本中蕴藏的文化现象,如神话传说、历史故事、风土人情、思想学说等,尝试寻求、体味作品中丰富的人文精神。

其次,侧重培养学生的创新精神,提倡个性化解读,提高学生延伸阅读的兴趣。由于许多诗歌具有内涵的丰富性与多义性,时代不同、经历不一、价值观相异的读者对同一个文本必定会有各种各样的解读。通过项目教学中精心设置的各项任务,在学生自主完成任务的过程中,教师赋予学生充分自由地理解文本的空间,鼓励学生从不同角度、不同着眼点,对诗歌进行个性化解读,如此,既能激发学生学习诗歌的积极性,避免以往听"诗"变色、望"诗"却步的诗歌学习状态,又能培养学生延伸阅读的兴趣,在实践中切实提高学生的诗歌鉴赏能力,同时又能提高学生的创新思维能力、道德判断力、审美感受力,从而使得语文课程在培养学生综合素质、修养时候的作用得以充分发挥。

(二)项目教学内容创新改革分析

在项目教学法应用设计中,教学目标不但有国学经典诵读能力的提高,也有文学鉴

赏能力的培养；在课程内容选择上，打破按照时间顺序编排课文内容的传统，重新整合教材，由以教材为中心转变为以"项目"为中心，转而围绕"写景""咏物""思人"及"热爱国家""思恋故乡""感悟人生"等主题进行课文内容的编排，选择古今中外的诗、词、散文、小说、戏剧等体裁的文学作品进行专题式的教学。一个主题就是一个项目，而教师和学生共同完成此项目。学生在完成项目的过程中，能够获得成就感和自信心，增加学习语文的兴趣。形成以项目养兴趣，以兴趣促教学，良性循环，培养学生语文学习中"想要学习—获得自信—想再学习—继续探究学习—获得更多自信—还想继续学习"的良性循环，切实在项目完成中激发学生的学习自主性。

（三）项目实施过程设计分析

项目教学法在高职语文创新应用的过程中，教师不再采用传统诵读教学中的教师示范、学生模仿的教学模式，而是采用情境诵读教学方法，使学生领略诗文的音韵美，体会诗文蕴含的丰富情感，从而不断提高学生的语言审美能力。此项目实施用时1~2个课时，分四个步骤进行。

1. 设计情境，激发学习动机

在课程开始之前，教师作为诗歌朗诵比赛组织者下发比赛通知，公布以下参赛要求。

（1）每位学生必须参加一个集体诵读赛项。

（2）比赛内容范围：语文教材中的诗歌篇章。

（3）奖项设置。比赛分为个人诵读比赛和集体诵读比赛两项。一等奖，团体赛项一个，个人赛项两个，获得者和小组项目考核成绩为优秀；二等奖，团体赛项两个，个人赛项四个，获得者和小组项目考核成绩良好；三等奖，团体赛项三个，个人赛项五个，获得者和小组项目考核成绩中等。然后，学生自由结合，确定小组成员，成立参赛团队，每组4~5人。各组组长召开本组成员会议，组织学习诗歌朗诵知识，练习、掌握朗诵技巧。教师在过程中巡视关注，及时指导。

2. 自主学习，合作探究

在第1课时的前半部分，小组组长带领参赛成员讨论确定本组的项目主题。各组制订参赛方案。然后，进行赛前练习排练。小组长向教师汇报本组参赛工作准备情况。汇报工作单独进行，汇报过程中，其他小组在组长带领下进行小组排练的工作。教师巡视各组排练进度，解决学生提出的问题，给予学生朗诵技巧上的指导。课下各组按照参赛方案进行搜集视频、音频材料工作，做好赛前准备。

3. 项目实施完成

在第1课时的后半部分，举办经典朗诵比赛。成立评委组，由教师和各组组长组成。

课前抽签决定参赛顺序,并宣布朗诵比赛评分标准。评委根据评分标准在评分表上打分,安排学生计算成绩,计算时去掉一个最高分后取平均值,并折算成课程考核分。

4. 项目考核评价

在第 1 课时结束或第 2 课时,各组把本阶段工作中遇到的问题,包括已解决的和未解决的,总结经验,讨论探究,完成本项目工作总结。

可以发现,在语文教学中实施项目教学法,能够充分发挥学生的主体意识,是以学生兴趣为根本出发点,创设教学情境,组织学生进行自主探究的创新性的教学活动。学生在参与项目的整个过程中,既能学习到语文基础知识,又能在实践过程中锻炼、提高个人思维能力和人文素养。但值得教师注意的是,项目教学法在语文教学中的实施不应拘泥于上述提到的比赛这一种项目形式,而应根据教学内容选择合适的项目组织形式。

五、项目教学法应用于高职语文教学的优化策略

(一)突出学生学习主体地位

1. 创设职业情境激发学生学习兴趣

高职院校的语文课程设置与语文教育教学改革应该体现职业教育的特色,积极践行"文化基础课为理论课服务,理论课为实践课服务,并协同为培养目标服务"的教学目标,与培养技能型人才的目标相一致。

项目选择和情境预设应当在分析学生学情的基础上准备。结合专业特点,对学生所在专业的人才培养方案认真研究、分析,积极与相关专业课教师沟通交流,提高跨专业知识水平,发现语文课程与各专业课程之间的联系;根据学生认知能力与水平,设置难易适中的教学目标,科学设计教学项目;调查、了解学生兴趣,概括总结具有共性的、学生感兴趣的、与语文教学相关的兴趣点,依据学生未来工作岗位需求,模拟教学情境,激发学生学习语文的兴趣,吸引学生参与项目实施过程。

2. 要找准语文课与专业课的联系点

在学生未来的职业生涯中,不但需要从业者具备扎实的专业技能和丰富的操作经验,还要能以积极的职业态度去应对复杂多变的工作情况。因此,高职院校中的语文基础课程,在教材开发过程中应注意将职业情感与职业态度的培养置于突出的位置,找准语文课与专业课的联系点,结合语文理论性知识学习和专业实践性知识学习的交叉点,设置合理的项目实施,在项目活动中对学生职业素养的养成给予积极的影响。

3. 加强知识的结构化

在语文项目教学实施过程中,教师应重视知识间的联系,加强知识的结构化,促进学

生思维发展。教师对于课堂知识进行结构化改革，通过任务实施需要来设定课堂知识，加强各知识点之间的逻辑关系；在项目设计中，厘清知识点与知识点之间的关系、知识与工作任务之间的关系，合理、有序地分布教学的重点与难点，针对具体的任务情境对原有知识进行再加工和再创造，引导学生从原有的知识经验中，通过教师引导、学生自主学习，通过不断地发现问题和解决问题，来学习与所探究的问题有关的知识，主动构建新的知识经验。通过加强课堂知识结构化，培养学生更加科学的思维模式，帮助学生高效地整合信息，更为高效地进行学习、沟通以及解决问题；将碎片化的知识"吸附""生长"到原有的认知结构中去，将更有利于他们在项目实施过程中，进行知识点的整合、提炼，加强自身的知识体系的建构，帮助他们学会学习、丰富认知，并高效地运用到实际工作之中。

（二）充分发挥教师主导作用

教师开展项目教学的过程中，其角色已经发生了转变。传统教学模式由教师主讲，侧重教师的"教"，教师是教学过程的主体；项目教学模式转为由教师引导，侧重学生的"学"，学生是教学过程的主体。但是课堂教学主体的转变，并不意味着教师就可以做"甩手掌柜"，无所事事，相反，在新的教学模式下，为了保障项目任务能够顺利完成，教师要担负更大的管理和调控职责。

1. 充分做好项目实施准备工作

首先，要勇于更新观念，积极学习项目教学理论。教师在实践基础上，要吸取经验教训，不断学习摸索，为尝试在高职语文教学中引入项目教学模式打下坚实理论基础。

其次，教师要认真钻研，提升自身跨学科的能力。针对语文基础课程的性质，高职语文项目教学模式的运用，要求语文教师根据学生所学专业，了解、熟悉相关专业的跨学科的专业知识和技能。

最后，正确理解课程的培养目标，熟练掌握教材内容，在此基础上，明确教学的重点和难点，合理规划、精心设计教学项目，详细预设项目实施步骤，为课堂上顺利进行项目实施做好准备。教师如果不能完全理解教材内容，就无法科学、合理地设计教学项目；如果不细化项目实施的步骤，在项目实施的实际操作过程中，就会出现课堂预设和生成不一致的现象，从而影响项目的完成，也就无法实现通过合作探索学习让学生理解所学知识的教学目标。

2. 提高教师课堂掌控力

相比传统教学方式，在项目小组活动过程中，教师更要投入更多精力关注各个小组作业完成情况，及时把控项目完成节奏，加强师生互动合作，指导学生团结协作，处理好个人和小组关系、小组与小组之间的关系。因为在项目实施过程中,学生进行合作学习,时刻会出现各种问题。对于有的问题,教师在项目设置之初会有预设;有的问题,是教师在项目设置之初意料之外的随机性问题。无论哪种问题都要及时解决,才能保证教学过程顺利进行,所以在项目实施过程中,教师要眼观六路,耳听八方,及时发现问题,并给予学生指导。此时,教师的知识结构、实践经验、智慧水平等就显得尤为重要。教师把控课堂的能力越强、主导作用发挥得越有效,项目实施就会越顺畅,学生的主体作用发挥得就越充分。

3. 多元化评价方式和评价标准

项目教学以项目为中心,是项目小组间的合作探究性学习活动。评价也是对项目小组的集体成绩进行评价。在课程项目设置计划中,教师要遵循从低级到高级、由简单到复杂的认识规律,围绕课程培养目标,制订分阶段能力培养考核的体系,改变传统考核方式。

高职语文考核不能只关注若干语文知识点的掌握情况,也不能仅限于单纯的语文听、说、读、写能力的培养,要根据项目实施具体情况,健全、完善考核办法,既要考核评价项目成果,又要考核项目完成过程,两者综合考评,避免出现强势学生主宰一切,弱势学生搭便车、人云亦云等现象;避免出现你好、我好、大家好的考核结果,最终影响学生学习的主动性和积极性。

4. 做好教学反思工作

首先,教学反思工作应该在教学活动中的每个阶段进行。语文课程采用项目教学的方式,打破了传统语文课堂上教师简单地把自己掌握的现成的知识、技能以"填鸭"的方式硬塞给学生的"教"学习惯,而是把知识的学习融入项目的完成过程中,所以课前反思教学活动前后衔接问题,合理安排教学设计。

在教学活动实施过程中,组内合作学习,学生按组别讨论,资源共享,共同完成任务;组间互评竞争,培养学生团队与竞争意识。如此一来,学生主动学习的动作就复杂化、多样化。在师生互动过程中,教师面临的问题也就更复杂化、多样化。因此,教师在课中要实时根据教学进程及时反思,保证课堂顺利进行。

其次,课后要进行多角度、多层面的教学反思。深刻开展教学反思工作,教师除了要进行教学反思,还要积极与学生交流沟通,与同事研究、讨论。在项目教学模式中,学生课堂参与度较高。作为学习的主体,学生对于课堂开展情况有直观的感受。教师采用讨论或者问卷的形式向学生了解教学情况,更能有针对性地解决教学过程中存在的问题;与同事研究、讨论,能更好弥补自身经验的不足,帮助发现思维僵化下教学存在问题的盲点,更全面地发现问题、解决问题,从而使教学反思更全面、更深刻。

（三）结合实际开发校本教材

当前高职院校的语文教材种类很多，但不同教材的特点不同，水平差别也较大。项目教学法引入作为基础课程的高职语文教学改革中，使传统的教材编排不能适应新的教学形式，所以开发建设适合项目教学改革的校本教材势在必行。只有做到随着教学模式的改变，重置、整合教材内容，高职语文项目教学改革才能收到如期的效果。

第二节　高职语文教学方法创新之情境教学法

一、情境教学法的基本概述

关于情境教学的内涵主要有如下几种：语文教育家韦志成在《语文教学情境论》中提出，情境教学指在教学过程中为了达到预定目标，教师从教学需要出发，创设与教学内容相适宜的具体场景或氛围，引起学生的情感体验，帮助他们理解学习的内容，提高教学效率的方法[①]。韦志成的说法突出强调了学生的主体地位，具有一定的积极意义。

王文彦和蔡明在《语文课程与教学论》中提出，情境教学是利用生活场景、图片、幻灯、投影、电影、电视、实验室、录音、录像、计算机、演课本剧等方法，创设一定的教学情境，让学生在直观情境中观察感受、思考练习，完成学习任务[②]。这种说法从情境创设的方法手段出发，对情境教学的概念进行说明，对于探索实际的教学策略有启发作用。

我国情境教育创始人、著名语文教育家李吉林认为，情境教学是从"情"与"境"、"情"与"辞"、"情"与"理"、"情"与"全面发展"的辩证关系出发，创设典型的场景，激起学习者的学习热情，结合学生的情感活动和认知活动所创建的一种教学模式[③]。

由此看来，情境教学法是教师有目的地为学生创设场景，将学生引导到场景中进行学习，使学生进行情感的体验，能够进一步培养学生的理解能力，同时还可以使学生感受到语文的魅力，激发学生对语文的兴趣，加强学生对语文知识的理解能力，从而使学生提升自身的语言文字素养。情境教学法还可以通过有趣的场景增强学生的记忆力，使学生能够快速进入文学作品的情境中，进一步培养学生自身的语言文字素养。因此，在高职院校的语文教学中，教师应当善于运用情境教学法，帮助学生提升语文水平，从而提高教

① 韦志成.语文教学情境论 [M].南宁：广西教育出版社，2001：25.
② 王文彦，蔡明.语文课程与教学论 [M].第二版.北京：高等教育出版社，2006：200.
③ 李吉林，田本娜，张定璋.李吉林小学语文情境教学—情境教育 [M].济南：山东教育出版社，2002：13-14.

学质量。

　　情境教学法应用在高职院校的语文教学中,能够在较短的时间内帮助学生理解教学内容,建立对语文的认知,顺利完成教学任务。情境教学法是教师根据课文所描绘的情境,创设出形象鲜明的情境,借助生动的文字语言和音乐等艺术形式再现课文所描绘的情境,使学生身临其境感受作者想要表达的思想感情。

　　情境教学法是用案例或者情境的模式引导学生进行自主性探究学习,从而提高学生分析问题和解决问题的能力。情境教学法能够充分激发学生对语文学习的求知欲和兴趣,培养学生自主学习的能力,提高学生的思维能力,使学生在情境教学中一步步建立属于自己的语文学习方法,提高自身的语言文字素养。因此,情境教学法对高职语文教学质量的提升具有积极的作用。

二、情境教学法在高职语文教学中的应用优势

　　21 世纪是信息技术高度发达的时代,学校教育也发展为网络化的教育,语文教学不可避免地陷入了网络环境。现代信息技术的飞速发展,使多媒体计算机网络进入了课堂,成为新的教学资源与环境。这些条件对情境教学法在课堂中的运用提供了方便。多媒体网络能提供文本、图形、动画、视频图像、声音等多种媒体集成的大容量信息,还具有形式灵活、资源共享、超媒体交互性等特点。因此,教师可以根据教学需求,在网络环境下创设一些有利于学生自主、合作、探究学习的情境,让他们在一种新的学习环境中主动学习,从而优化语文教学,提高课堂效率。

(一)激发学习兴趣

　　情境教学法的应用能够有效激发高职学生的好奇心和对知识的渴望,引导他们在迷途中找到学习的方向。教师可以依据高职学生的年龄差异、学习基础、心理特点和精神需求等方面对学生进行深入了解,结合教学目标、教学内容和教学计划,合理创设教学情境,综合运用多媒体教学手段,营造生动有趣、贴近生活的情境,激发学生学习兴趣,让学生在探索知识的道路上勇往直前。

(二)活跃课堂气氛

　　将情境教学法引入高职语文课堂教学中,可以有效活跃课堂氛围。比如,教师按照课文内容创设出一些富有趣味性的挑战答题,让学生抢答,同时从中进行点拨和引导。这样师生之间就产生了良好的教学反馈,在完成教学任务的同时活跃了课堂气氛。另外,学生回答问题也是一个语文思维重建的过程,能够巩固已经学会的知识,有效提高学生语言知识的运用能力。

三、情境教学法在高职语文教学中的创新应用

应用文写作是高职语文教学中的一项重要教学内容。开设应用文写作课程是提高学生应用文写作能力的一条重要途径。下文就以应用文写作的教学作为案例,详细论述情境教学法如何在高职语文教学中进行创新应用。

（一）创设教学情境的原则

教学原则是教学工作遵循的基本要求。在运用情境法进行应用文写作教学时,应该遵循以下三条原则。

1. 典型情境原则

典型情境是指选取有代表性的情境,即要有意识地创设与应用文写作内容关系密切的情境。情境要贴近学生实际,这样才能引起学生的注意和情感的共鸣,激发他们积极思考。教材中有的内容理论性强,通过使用实际生活中的事例、漫画等手段,创设生动有趣的教学情境,能使学生遵循从个别到一般、从具体到抽象的认识规律;运用与基本知识相关的生动、形象、贴切的教学情境,引导学生思考,并通过展示、比较、归纳、分析,帮助学生理解和掌握知识,达到易懂、易记、易运用的效果。

2. 适量深度原则

教师在创设情境时,要遵循"最近发展区"理论,即在创设情境时,教师要充分考虑学生现有知识水平和生活经验,不能超出学生实际,也不要过分追求情境,否则就成为"空中楼阁"。创设问题的难度要适中,如果问题太易,会使学生产生厌倦和轻视的心理;如果太难,学生会望而生畏,所以提出的问题要稍高于学生原有的知识经验水平,且具有一定的思维容量和思维强度,需要学生经过努力思考才能解决问题,即学生能够"跳一跳,摘果子"。

3. 目标求实原则

目标求实是指创设情境要切合教学目标,讲求实际,即教学中使学生获得相应文种的理论知识,掌握文种的写作技能,并根据实际需求,准确地选择文种,具备在掌握充足事实和数据等材料的基础上,科学、有效地运用这些材料,完成各类应用文的写作任务。在培养和发展学生的写作能力的基础上提高创造能力,使学生创造性地获取知识,解决问题,在新的情境中运用知识,使所学知识得以转移。此外,要注意教学中不流于形式,即教师进行情境教学时,若学生的情绪高昂,课堂气氛非常活跃,必须控制好课堂气氛和学生的情绪,使课堂气氛松弛得当,而不能拘于形式上的"热闹"。

（二）情境教学法的建构类型

1.生活情境教学

生活情境教学就是将日常生活、工作中会出现的场景引入课堂教学中，让学生在熟悉的情境中感受所学内容在生活中的应用，使学生作为主体参与其中，将生硬的理论知识融入鲜活的生活场景，将解决生活情境中出现的疑难问题的过程，转变为知识学习的过程。在"应用文写作"的教学中，生活情境较为适用于在日常类应用的教授中使用，如书信、启事、海报等文种的实际应用情境都与实际生活息息相关。在日常类应用文教学中创设生活情境，不仅能让学生学到应用文写作的知识，更能够使其感受到所学应用文的实用性。在熟悉的生活情境中学习，也更有利于调动学生的兴趣和学习的主动性，使应用文的学习不再枯燥乏味。

2.角色情境教学

角色情境法，是让人置身于他人的社会角色上，并按照这个角色的要求去思考和行事，从而增进对他人和自身角色的理解。在应用文写作教学中创设角色情境，即把学生限定在某种角色上，让其以该角色的身份思考，实现写作目的的一种情境。角色情境的创设使课堂气氛轻松活跃，容易调动学生的积极性，使得他们主动在活动中丰富并运用知识。

3.问题情境教学

"学起于思，思起于疑"，问题情境的创设就是教师通过设定疑难问题，引发学生思维活动，使学生通过解决问题掌握问题中蕴含的教学内容。创设问题情境需要综合考虑教学内容、学生认知水平与经验，以保证情境中的问题是学生所感兴趣的，并且通过学习是学生可以解决的。问题不能过于复杂或过难都容易影响学生的学习动机。

4.纠错情境教学

学生在学习应用文写作时，存在"一学就会，一写就错"的现象，在某一文种的理论知识学习过后，并不意味着已经掌握了这一文种。由于学生在实际的写作练习中经常错误百出，教师可以在理论知识学习过后创设纠错情境，将错误设置在例文中，让同学们找出病文问题所在，并尝试改正。纠错情境的设置不仅可以激发学生的探究兴趣，还可以帮助学生巩固写作知识，将所学的理论知识用于实践，在病文修改的过程中体会所学文种的易错点，避免写作时犯同样的错误。

（三）实施情境教学法的注意事项

在应用文写作教学中，教师创设情境的方式是多种多样的，但一定要以培养学生的应用文写作能力为导向。情境创设中要注意以下四个方面。

1. 情境的创设要引起学生解决问题的欲望

情境创设的核心在于激发学生的学习兴趣,引起他们的探究欲望,使学生身临其境,积极主动地学习。布鲁纳曾说:"学习是一个主动的过程,对学生学习最好的激发乃是对所学材料的需要。"这里的"需要"就是指学习兴趣的满足。可见,激发学生的学习兴趣至关重要。情境教学是激发学生学习兴趣、提高教学质量的重要方法。通过创设情境,学生积极参与到教学中,吸收和内化知识,从而真正实现教学目标。

2. 情境的创设要密切联系学生的实际生活

情境不是从教师的主观愿望出发,强加给学生的,而是需要贴近学生的实际,和他们的经验相联系,符合学生的认知水平,同时,使学生学会把知识应用于实践中。教师可以根据实际生活需要,结合现实问题创设情境,如新学期,指导学生拟订学习计划;"五四"青年节之前,指导学生完成入党申请书;学生实习时,指导写作实习报告。

3. 情境需要包含能启发学生进行思维的因素

情境与教学任务不能互相割裂,必须把任务寓于真实的情境之中,使任务与情境水乳交融。依据教学内容创设教学情境,能最直接地体现直观教学原理,使学生在特定的情境中感知、理解,从而缩短认知的时间、提高教学效率;把教学内容的"此情此景"变为学生学习的"我情我境",满足学生学习中的需要,促成学生"乐学"。

4. 应用文写作要有合理的评价方法

高职语文教师应该从应用文的格式、主题、材料、结构、语言等要素对应用文写作进行全面、细致的评价。应用文写作课程可以采用过程评价与结果评价相结合的方法。对应用文写作课程的考核,必须紧紧围绕应用文写作能力的培养,把考试成绩和平时的学习情况紧密结合,全面评价学生的学习效果,既要突出能力的考核,又要兼顾知识的考核;既要注重学生的考试成绩,又要兼顾平时的学习表现;多方面地评价、考核学生的学习效果,力求真实、客观、准确,最大限度地激发学生学习的积极性和创造性。

在考核中实行过程考核的方法,可以全面评价学生的学习状况和学习效果。例如,采用考勤、平时成绩、课外作业、考查成绩相结合的方法,考勤占 10 分,平时成绩占 20 分,课外作业占 10 分,考查成绩占 60 分。其中,平时成绩可以细分为课堂作业的成绩(10分)、口语表达的成绩(5 分)、模拟招聘会的面试成绩(5 分)三个部分。在平时成绩的评定中,充分发挥学生的主体性,通过学生的自评、互评、小组评等方式,让学生进入反馈和评价的角色。过程考核的方法既考查了学生的学习状态,又考查了学生的能力水平,把知识与能力较好地结合起来,实现了知、情、意的全面发展,准确地评价了学生的应用文写作能力。

（四）情境教学法的实施过程

教师在高职大学语文课程中应用情境教学法，具体的实施过程如图 5-2 所示。

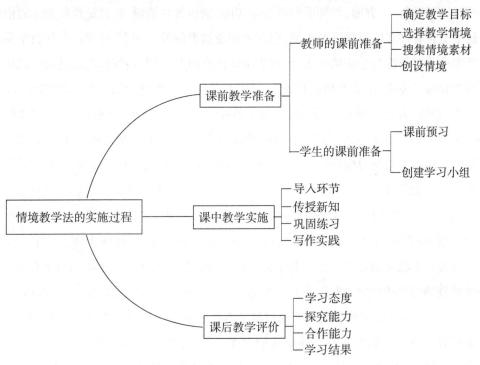

图 5-2　情境教学法的实施过程

1. 课前教学准备

（1）教师的课前准备

情境教学法的课前准备主要包括确定教学目标、选择教学情境、搜集情境素材、创设情境这四部分，其中确立教学目标和选择教学情境是重点。

首先，确定教学目标。教师在使用情境教学法时要明确教学目标，在课前准备时要根据教学内容和学生特点准备大量的情境教学法的素材。只有确定了教学目标，教师在收集、筛选、使用素材时才能有所依据，才能够创设出既适合学生发展又贴合教学内容的教学情境，使情境教学法发挥最大的作用。"应用文写作"教学应该以学生掌握应用文写作技能，并能将其应用于生活和工作为目标。在使用情境教学法展开教学前，教师应根据课程目标选择素材、创设情境，使教学活动、教学内容不偏离课程的教学目标。

其次，选择教学情境。在选择适宜的教学情境时，教师应该考虑到应用文文种的特点、使用场景与学生的专业特点等情况。应用文教材中的文种大致可分为日常类应用文、事务类应用文、行政类应用文、财经类应用文四种。不同类型的应用文适宜不同的情境创设类型。教师可根据实际情况灵活地选择情境，并搜集相关素材。

再次，搜集情境素材。在确定了教学情境后，就需要根据情境收集、筛选相应的情境素材。教师可以从教材、学生经验、学生专业背景、网络等多种途径入手，为情境教学法的开展选择素材。一方面，教师要分析教学实际，剖析教材情境。教材是教师教学的依据。教材中蕴含着许多值得深挖的内涵，包含着职业教育的教学理念、课程标准和教学模式，并且渗透着对教法与学法的要求，因此教师要认真研究和剖析教材，吃透其编写思路、编写理念和编写体例，围绕教材展开教学。同时，教师应以教材为增长点，结合学生实际情况、学校设施、社会发展水平等拓展教材中的教学情境，使用好、补充好、开发好教材，从而加深学生对应用文写作知识的掌握和理解。另一方面，教师要了解学生经验，设置生活情境。建构主义学习理论认为，学习是以学生原有经验为基础，建构新的认知结构的过程。虽然课堂教学不可能将生活中的情境原封不动地搬进教室，但创设的情境必须让学生能够产生"代入感"。生活情境的重点在于将生活中学生熟悉的场景、片段再现于课堂中，把枯燥乏味、远离生活的教学内容与学生生活联系起来，让学生融入其中，不再排斥。这就要求教师通过对学生社会生活、校园生活、学习生活等真实场景的细心观察，巧妙地把教学内容转换成具有潜在意义的生活情境，把生活内容引进课堂，从而激发学生的学习兴趣，使其在潜移默化中完成对教学内容的学习和运用。此外，教师要发掘学生专业背景。由于高职学生都有其相应的专业背景，"应用文写作"课程作为高职公共基础课，可以将学生的专业背景融入其中，发掘专业知识、职业岗位中所蕴含的情境创设素材，融入"应用文写作"课教学中，这样可以让学生所学的知识有针对性，也可以提升学生的学习兴趣。教师还可以利用学生在企业实践学习的机会，引导学生关注工作中所蕴含的应用文的使用场景、使用方法等，加深其对理论知识的理解和对应用文写作实用性的认识。

最后，创设情境。情境教学法可以应用于教学的任何环节，甚至贯穿始终。教师在创设情境时，首先要做的就是突破以往的既定认知，灵活地运用情境教学法。只要创设的情境是合理、适宜的，在任何教学环节都可以创设情境。

（2）学生的课前准备

首先，课前预习。学生的课前预习不能仅局限于了解教材内容、学习资料。教师可以通过网络学习群组发布情境教学法的内容和要求，让学生以小组为单位在课下进行自主学习。例如，在"通知"这节课的教学前，教师在微信群组内发布一则关于"应用文写作"课教室变更的通知，并要求学生以小组为单位，分析这则"通知"的格式、写作特点、内容等，在下节课上由学生来讲解"通知"的写法。借由"通知"事项布置预习任务，不仅可以使学生亲身体会到"通知"这一文种的使用场景和作用，还可以通过布置的任务让学生提前进行自主学习。教师还可以提前将课堂上要设置的角色情境告知学生,让同学们提前准备。例如,在"会议记录"这节课的教学前,教师可以将情景模拟的任务布置给同学们,让每个小组都在课堂上进行一次模拟会议,其他组同学做会议记录。这样的预习作业能够让同学们提前进入角色,让学生成为课堂的主体。

其次,组建学习小组。在情境教学法中,从课前的预习到课中讨论、自主学习,都需要以小组合作的形式完成,所以组建学习小组是一个非常重要的环节。组建合作小组应该以"组内异质、组间同质"为原则。组内异质是指,在同一小组中,组内成员的性格、成绩、特长等方面应存在差异,这样有利于组员间的分工合作和组织管理,也能够促进组员间优势互补。组间同质是指,为保证各小组间的公平竞争,不同小组间的整体水平应基本相同,这样才不会导致各组之间成绩差异过大。在情境教学法中,情景模拟、问题讨论、课后作业都需要以小组合作的形式完成。小组的规模会影响到小组合作的效果,小组人数过少会导致组内合作缺乏气氛,讨论过程视角狭窄等;小组人数过多则会导致部分同学无法参与其中、组员之间分工不均等问题。因此,在"应用文写作"课程教学中,小组的规模以 5~8 人为宜,这样既能保证在合作中每名学生都能够参与其中,又能方便教师管理。另外,为确保每名组员都能参与到教学活动中,小组内应有明确的分工,可以根据组员的性格特征安排任务。教师可以安排组织能力较强、性格外向的同学担任组长的职务。每次的小组发言可以让小组成员轮流进行,确保每名同学都能够得到锻炼的机会。组内成员分工合作、互相监督,才能够保证学习任务顺利完成。

2. 课中教学实施

（1）导入环节

导入环节是一节课的开端。成功的教学导入能够使学生迅速进入学习状态,引起学习兴趣和求知欲。在情境教学法中,导入环节非常适合用作创设教学情境。可以通过设置问题、多媒体演示、角色扮演等多种方式进行情境创设,不管采取何种方式,都是为了尽快地把学生带入所创设的情境,激发学生的学习兴趣,为下一步的学习做好准备。在导入环节做教学情境的创设时,教师还应注意要帮助学生明确所创设的情境与所学内容之间的联系,不能一味追求课堂气氛的热烈,而将教学目标抛之脑后。导入环节也可用作上节课内容的复习,温故知新,帮助同学们进入学习状态,顺利开始新的教学内容的学习。

（2）传授新知

传授新知是教学的核心环节。导入环节使学生已经进入良好的学习状态,所以在传授新知环节就需要教师采取多样的教学方法、精心设置问题来推动教学内容的展开。这一环节可通过以下几种方式来进行：一是以问题的形式串联教学内容，即将重点教学内容都以提问的方式设置在教学环节中，引导学生主动探究。这就需要教师将教学内容以问题的形式串联起来。对于较为简单的问题，同学们独立思考就可回答；较为复杂的问题则需要通过小组讨论、合作学习的方式进行。讨论的前提应该是某项任务需要多人的合作才可以完成，或者多人合作确实比一个人独立完成效果要好。例如，在"条据"的教学中，由于"条据"的内容比较简短，包含的主要信息一目了然，在对"正文部分所包含的内容"这一问题进行提问时，就不需要进行小组讨论，由学生独立思考就可以回答。但对于"借条与欠条的联系和区别"这种较为复杂的问题，就需要以小组为单位讨论完成，并设置具有一定难度的问题，有利于同学们维持学习动机、保持学习兴趣。教师将教学中的重点问题以问题的形式串联，能避免一味地灌输，使教学过程枯燥乏味。二是教师讲授重点、难点。在对比较难或比较重要的文种进行教学时，传授新知环节应以教师讲授为主，一方面能够将文章的格式、结构、写法条理清晰地讲授出来，另一方面可以避免学生因为任务过难导致失去学习兴趣。例如，在"合同"这一文种的学习中，合同的种类较多，合同中所包含的基本内容也较为复杂，这就需要教师进行梳理和讲授。如果在学习有一定难度的文种时，一味追求小组合作，将容易造成学习效率低、课堂混乱等问题。三是在情境中展开教学。在对于比较适合在传授新知环节创设情境的文种进行教学时，可以在情境中展开传授新知环节。例如，在"函"的教学中，教师可以在课前布置办公情境模拟的任务，让同学们在情景模拟中，将"函"的用法、使用场景、写法等主要内容融入情境模拟中，再通过表演的形式呈现出来。在课堂上进行情境模拟需要教师有较强把控课堂的能力，也需要提前对教学任务进行精心设计。在情境教学法中传授新知环节，需要教师在课前做好充分的准备，可将一种情境或几种情境设置在其中。教师的讲授、学生的自主学习、情境模拟都可以根据不同的教学内容设置在教学中，以期发挥其最大教学效果。

（3）巩固练习

在通过多种方式、多样的情境进行教学后，教师需要带领学生对课上所学内容进行回顾复习。"应用文写作"课程的教学包含文种的定义、格式、结构、写作方法等内容，课中学习的内容较多，这就需要教师利用这一环节帮助学生整合所学知识。在这一环节教师可以创设纠错情境或问题情境，通过展示一篇有错误的应用文，让同学们讨论、修改，以加深其对正确写法的印象，也可以通过创设问题情境使其回顾所学内容。

（4）写作实践

"应用文写作"课程的教学目标是让学生掌握应用文的写作能力，这也是一切教学方法、教学活动的落脚点。学生掌握了应用文写作的理论知识，不代表掌握了应用文写作的能力。学生需要在写作练习、写作实践中培养写作能力。教师应利用课后作业或课上时间组织写作练习，将教学落到实处，如果在课堂上进行写作练习，则要注意任务设置合理，不过多占用时间；如果将写作练习布置为课后作业，则要把握作业的难度和量，并及时批改。

3. 课后教学评价

教学评价在教学活动中起着检验学生学习成果、诊断教学效果、调节教学活动的重要作用。对于学生的评价不能只停留在对学生期末考试成绩的评定上，应结合平时表现对学生的学习态度、探究能力、合作能力、学习结果四方面综合评定。

（1）学习态度

在情境教学中，教师可以通过三个方面来评定学生的学习态度：首先是课前预习情况，在情境教学法的实施前，教师有时会布置预习任务，如在角色情境使用前为学生布置角色模拟任务，如果学生不在课前认真完成预习，将直接影响课上模拟效果；其次是课中表现情况，教师可以通过观察、记录学生回答问题情况、小组合作参与情况等评定成绩；最后是课后作业的完成情况。结合课前预习、课中参与度、课后作业情况能够准确评价学生的学习态度。

（2）探究能力

学生能否在学习过程中发展其探究能力是情境教学评价中很重要的因素。在情境教学中，问题情境、纠错情境的创设都需要学生展现其探究能力，因此，教师应在教学中观察学生能否勇于发现问题，是否能在分析问题时提出自己的见解，是否能在解决问题的过程中具备探索与创新精神，并对其进行记录与评价，以促进学生探索精神、实践能力的发展。

（3）合作能力

情境教学中有较多的环节需要以小组合作的形式展开，这就需要对学生的合作学习能力进行评价。由于小组成员有不同的分工和任务分配，组员合作完成的情况可以通过组员间互评的形式展开。

（4）学习结果

此部分的成绩可以结合形成性评价与终结性评价综合评定。综合平时测试成绩、期末考试成绩、平时作业成绩与课上表现情况，评定学生对"应用文写作"课程内容的掌握情况。

情境教学的评价环节需要将以上几方面因素相结合，根据实际情况，将教师评价、生生互评、学生自评相结合，综合评定学生成绩。

四、情境教学法在高职语文教学中的应用优化策略

（一）教师应提升理论素养，更新教育观念

1. 理性看待教学经验，提升理论素养

教育经验是教师在教学过程中经过反复实践检验得来的认识结果，包括教育观念、教育方法、教育策略等①。教育经验的获得有助于教师快速解决相同境遇或者类似境遇下的各种教育问题，但如果过度夸大经验的作用，经验则会成为教学的桎梏。许多有经验的教师在日常教学中使用的教学方法较为固定，教育观念也较为陈旧，这就需要教师在工作之余深入学习教育理论知识。想要提升理论素养，教师首先要明确自己的问题在哪里、想提升什么，如在教学中发现自己与学生之间存在代沟，不能够理解学生的思想。这就需要教师一方面具有与时俱进的思维方式，了解不同时代背景下的学生成长状态；另一方面进一步对教育心理学的知识进行更深入的再学习，温故而知新，以了解学生所处发展阶段的性格特征，以及与该年龄段学生交往更适宜使用的沟通方式。其次，在学习方法上，想要系统地掌握理论知识，就需要对所学内容相关书籍的深度阅读、刻苦钻研，在教学工作中将所学的理论知识融入其中，在实践中检验和加深对理论知识的理解。最后，应对随时处于变化之中的教学对象、教育环境，教育经验也须因时因地灵活运用。教育理论素养的提高，不仅对教育经验的形成与发展具有重要价值，还能够进一步激活教师的创造力，提升教师的综合素养。

2. 更新教育观念，创新教学实践

教师个体教育观念是指在一定的文化历史背景下，教师在教育实践、理论学习、日常生活中，基于对教育活动规律和学生发展特征的主观性认识，而形成的对有关教育的个体性看法，这些看法直接影响教师对教育问题的判断，并进而影响其教育行为的实施②。

教师的教育观念影响着教育行为的实施。教师应在教学实践中不断更新教育观念。首先，教师应树立新的教学观。新课程大力提倡自主、合作与探究的学习方式，以培养学生主动探究、勤于思考、大胆质疑的良好品质。教学也不再是教师单方面地灌输知识，而是师生双方相互的交流活动。这就要求教师钻研、尝试新的教学方法，相信全体学生具有发展的潜能，鼓励学生大胆创造。其次，教师应树立新的学生观。教师应认识到学生在学习中的主体地位，引导学生自主学习，尊重爱护每一名学生，发现每名学生的闪光

① 蔺红春，徐继存，苏敏．教师专业发展：从经验主导走向理论自觉 [J]．当代教育科学，2019，（7）：43-47，77.

② 易凌云，庞丽娟．教师个体教育观念：反思与改善教师教育的新机制 [J]．教育理论与实践，2004(5)：37-41.

点。最后，教师必须树立新的教师观。认识到教师在学生发展过程中发挥的重要作用，不仅是知识的传授者，更是学生成长的塑造者，教师应认识到自身承担的责任。

（二）走出情境创设误区，合理运用情境教学法

1. 情境教学法应服务于教学目标

教师在课前准备时要根据教学内容和学生特点准备大量的情境教学法的素材。只有教学目标确定了，教师在收集、筛选、使用素材时才能有所依据，才能够创设出既适合学生发展又贴合教学内容的教学情境，使情境教学法发挥最大的作用。高职院校的教学目标设定在对学生所学专业的职业岗位需求的基础上，所以在教学课程中运用情境教学法还需要考虑社会对技能人才的实际需求。这对于情境创设而言增添了难度，但同时学生未来的工作需求也为教师提供了丰富的情境教学法素材。教师可以在教授专业知识的同时渗透职业岗位信息，使情境教学服务于教学目标。

2. 情境内容必须符合学生认知水平

学生的智力水平、知识能力、社会经验等因素对教学情境的创设起着决定性作用。教学素材首先要能够引起学习者的动机和兴趣；创设的情境内容需要与当前教学内容相关，尽量创设贴近学生生活、符合学生认知发展的情境。教师应在课前准备上多下功夫，搜集最适合的情境素材，恰当地引入情境内容为教学服务。根据"最近发展区"理论，情境内容的设计符合学生的认知水平和发展阶段，才能最大限度地激发学生对知识的探究。

3. 情境创设要把握时机

在教学过程中，很多环节都可以使用情境教学法，但这并不代表每节课、每一个教学环节都要创设情境。太多不良的情境不仅不会对教学效果起到促进作用，反而会分散学生的注意力，使教学方法流于形式。因此，情境的引入关键在于把握教学时机。教师在设计教学时要注意层次的划分，教学环节应做到环环相扣，要把情境介入的关键点设计在最适合的教学环节中，以引发学生兴趣和情感体验，进而调动学生学习的主动性。

4. 情境创设要避免形式化

情境教学法的运用应根据教学实际，有用则用，不应过于夸大其作用，使情境教学形式化。情境教学法应用中存在形式化的问题，其中一个重要原因是部分教师在日常的教学中往往选取自己较为熟悉的教学方法，只有在公开课或讲课比赛中，为了追求形式上的翻新教学，才会使用多样的教学方法，忽略了教学方法与教学内容的适用性。选择一种教学方法的最终目的是将教学变得有效，使教学情境的创设有利于学生的"学"，而不仅仅为了有利于教师的"教"，这就要求教师将情境教学法应用于日常教学中，在实践中

展开探究。

　　教师根据不同的教学内容创设适合的情境类型,其根本目的是使教学内容与学生的生活经验、认知结构产生一定的关联,以激发其学习兴趣和认知冲突,诱发其探究欲望,触发其情感体验,因此了解学生的生活经验、认知结构是情境创设的关键因素。创设情境也不能忽视学科的科学性、思想性和趣味性的统一。教师在注重课堂趣味性、启发性的同时,要深入了解学生的生活实际与专业背景,以此创设出学生感兴趣的教学情境,以便实现教学目标。

第三节　高职语文教学方法创新之综合实践教学法

　　苏霍姆林斯基是苏联重要的教育实践家,他认为要培养青少年成为全面、和谐发展的人。他注重强化"以人为本"的德育理念,积极关注德育的渗透和转化,认为德育工作包括课堂知识传授和实践活动参与两个部分。教师应充分重视学生在实践教学活动中的感受,从自然活动、集体活动和劳动教育活动中培养学生养成良好的品行。苏霍姆林斯基提出劳动本身就具有道德性,学生在劳动过程中进行学习,个性展露出来,有助于培养良好品德①。苏霍姆林斯基提出要推动实践教学活动的运用,时至今日,这仍具有重要的理论参考意义。

一、综合实践教学法的含义

　　亚里士多德最早提出了关于实践的论述,他认为实践重点包括道德性实践与日常生活实践。马克思主义实践观进一步研究提出,实践是人类独特的存在形式,能够培养人、塑造人和改造人。具体到教学活动中,教育过程本身就是一种实践的过程。综合实践教学法可以作为一种教学的实践模式,基于实践方法开展教学活动,与理论教学法相辅相成。它一般体现在教学过程当中,核心形式是以学生作为主体的教学活动,教学目的在于提高学生综合素质,是一种创新性的教学观念和教学方式。

　　综合实践教学法主要通过实践教学活动达到教学目的,二者之间是抽象与具体、目的与方式的辩证关系,紧密联系,协同互动。综合实践教学法决定了实践教学活动的方向和方式,而综合实践教学活动的良性开展则能保证实践教学法的有效实现。值得注意的是,这里所讲的综合实践教学活动,不同于传统的课外实践活动教学。课外实践活动

---

　　①　姜晓慧.苏霍姆林斯基的德育观及其启示[J].中国德育,2017(17):22-25.

主要定位在课堂之外，易受时间、场地、人力和财力等影响，极易流于形式或被边缘化，效果随之大打折扣。因此，在实施综合实践教学法时要突破固有思维模式，创新性地运用实践教学法，认真学习、实践相关的学习方式，结合实际研发有实践性内容的教学活动等。

二、高职语文课程运用综合实践教学法的意义

灵活运用综合实践教学法开展实践教学活动，让学生尽可能地在具体实践中内化语文认知、提高语文素养、培养健全人格，充分兼顾学生思想特点、社会实践和专业特点。

（一）综合实践教学法是检验教学质量的方法之一

由于传统高职语文课堂以单纯的知识传授为主，学生无法顺利转化为自己的知识，语文知识与应用能力脱节，导致教学质量低下，学校的竞争力随之降低。要想提高教学质量，需要增强对语文课程综合实践教学活动的重视程度，要尊重教学实际，把握好学生思想动态，提高教学效率。而综合实践教学法改变了传统的上课教授方式，更加注重从学生角度出发，设计相关内容课程，创新实践教学方式，通过参与、体验、合作、探究等一系列学习方式，让学生完全感受到课堂的价值和魅力，从而显著提升教学质量。

（二）综合实践教学法能提升学生素质，促进学生全面发展

目前来看，当代高职学生多为"00后"的新生一代，从小备受家庭的呵护，认为对自己的关爱是理所当然的。与此同时，"00后"一出生就接触互联网，易受到不良观念和行为的影响。从生源情况看，大部分高职生比较喜欢动手操作技能的学习，能获得较高的自我效能感。运用综合实践教学法，这同"做中学"的理念不谋而合，让学生作为主要参与者融入教学活动中去，实现知识学习和自我认知的双向功能，达成自我突破。伴随着综合实践教学活动的深入人心，毕业生质量逐年提高，这就为学生的就业提供了良好的条件。综合实践教学法的特点重在综合性强。在语文课程当中运用综合实践教学能够让学生不仅学到相关的理论知识，还锻炼个人的实践应用能力，提升素养水平，实现全面发展。

（三）综合实践教学法可以有效提升教师教研能力

综合实践教学法不同于传统的理论教学法，对教师的教学水平要求较高，教师需要进行多方面、全方位的实践活动教学。要想取得预期效果，教师首先要转变教学观念，对学生的所思、所需、所求要充分了解，结合教材整合多种课程资源，针对课程内容选择匹配的实践教学活动。在这个过程中，教师会面临一系列挑战，如如何有效调动学生积极

性、如何进行教学评价等,这就要求教师创新教学理念,打破学科壁垒,将学科知识与职业学习相结合,制订出符合学生学习认知能力的教学方案。随着问题的一一化解,教师在不断地实践、总结和反思中,大幅度提升教研能力,从而提高语文课程的教学效果。

三、综合实践教学法在高职语文教学中的运用原则

(一)主体性原则

高职语文课程采用综合实践教学法进行教学活动,改变了学生只能被动接受知识的局面,积极倡导学生自觉融入其中,将活动的主导权交还学生。在教师讲授完知识点、说明实践教学活动规则之后,学生便成为实践活动的主体,这样完全赋予了学生充分展示自己积极性、主动性、创造性的舞台,让学生在不同形式的实践教学活动中有所体会与感想,将所学语文知识"活化"为主动感知。比如,在综合实践教学活动中,教师可以扮演"导演"的身份,针对学生反映的问题和困难规划活动目的,在准备阶段可以让学生提前参与,营造良好氛围;在活动实施阶段要顾及每一位学生,可将实践教学活动向课后、生活延伸,让学生踊跃提出富有建设性的建议。

(二)层次性原则

高职学生身心有独特的发展特点和知识接受程度,且随着年龄增长出现变化,因此实践教学要有层次性、循序渐进,帮助学生养成健全的人格。教师在设计实践教学活动时,按照学校和教材要求,结合学生不同学习阶段的不同特点,由简到繁,从易入难,逐层递进,先从身边小事做起,将语文内容转化为学生的行为习惯,在此基础上进行语文通识知识教育,推动学生向推崇人文素养、追求美好理想等层次转变。

(三)灵活性原则

语文课程作为实现教学目标的重要手段,基本形式主要包括教学和训练。提高教学效果的核心是将认识转变成驱动力,这要求教师创新教学方法,并能够灵活运用,按照国情、市情、校情和学生认知的规律和特点,以学生的喜好作为重要的出发点,要通过学生喜欢、乐于参与的课堂形式进行教学内容的传递,过程中要着重引入实践环节。在确定实践教学活动内容时,教师要从学生实际情况出发,充分考虑学生的兴趣、特长及个性差异,结合教材,有所取舍,这也是综合实践教学灵活性的重要体现。

四、综合实践教学法在高职语文教学中的创新实施策略

（一）树立大语文观念，不拘泥于"语文学科"

高职语文教学既要尊重语文的本质要求，又要突出职业教育语文特色。教师应转变教学观念和模式，树立大语文观念，不能仅仅拘泥于"语文学科"，而要关注科学、人文和自然、社会、人生以及历史、现实、未来等多个方面。教师不应该只就课文照本宣科，而应该适当补充相关内容，触类旁通，扩大课堂容量，提升学生的人文素养。

（二）丰富教学资源，扩大语文学习空间

高职语文教学不能只是一味进行单项的听、说、读、写训练，而要利用家庭、学校和社会上各种可以利用的资源，注意课内外结合，让学生在自主、合作、探究中通过实践、体验、应用感受学习的愉悦、收获的满足，在这种社会实践、收获体验中培养人文素养，实现全面发展的教育目标。另外，高职语文教学应充分利用多媒体资源。多媒体教学具有直观性、高效性、形象性、交互性的特点，颠覆了传统的教学方法和手段，既极大地增加了课堂容量，又使教学内容变得直观生动、易于接受，使本来看似复杂的一些知识点迎刃而解，使学生充分理解、领悟所学知识，激发并点燃学生学习的热情。

（三）以就业为导向，加强语文学习与专业学习的沟通

高职语文教学要为学生就业、创业提供必要的语文素养，应坚持"以服务为宗旨，以就业为导向"的职业教育理念。高职语文教学自身的不断深化也要求走与专业结合的道路，所以加强语文学习与专业学习的沟通，无疑对学生职业能力的形成有着促进作用。教师在教学中应根据不同专业学生的实际情况对现行教材内容做出取舍，确定具体教学内容，在教学中适时地融入专业元素。这样，学生在教师的引导和激励下，既能灵活、扎实地掌握有关语文知识，又能熟悉并巩固相关的专业知识，切实认识到语文课是和专业学习相关的。

（四）营造氛围，激发学生参与语文实践的热情

教育学家叶澜教授提倡"要把课堂还给学生，让课堂焕发出生命活力"。把课堂还给学生，课堂就变为学生实践活动的主阵地。教师要真正把自己从"独角戏"的角色中解放出来，转变角色，发挥主导作用，让每一位学生都充当主角，真正体现学生的主体地位。

教师可以通过学生学习生活、社会生活、职业工作环境等情景中的实践活动，提高学生综合运用知识、技能、方法的能力。语文实践活动形式多样，不一而足。课前实践活动

可以以口语训练为主，如每节课前安排一两名学生进行演讲等，或安排学生对国内外时事进行讨论、评价；课堂实践活动以小组讨论为主，或者指导学生把课文改编为课本剧或小品在课堂上表演等；课后语文实践活动形式更是丰富多彩，根据不同专业学生自身的喜好，引导学生加入系里或学校文学社，组织学生参加经典诗文诵读比赛、故事会、演讲赛、辩论赛等，鼓励学生参加社会调查，尝试成立诗会等语文社团，编辑文学小报刊等，让学生在平等、宽松、愉快的氛围中，成为学习的主动者和实践者，成为学习的主人。教师要贯彻"以学生为主体，以教师为主导，以实践为主线"的教学原则，以活动的趣味性、竞争性激发学生的热情，吸引每一位学生参与其中，使每一位学生都得到发展、提高。

另外，教师要重视对学生语文实践活动的评价。评价具有反馈、导向和激励功能，通过评价体系的作用引导每一位学生都积极参与到语文实践活动中。高职语文课程应建立科学、灵活、开放式的评价体系。评价应充分体现语文课程尤其是高职语文课程的特点，应该减少单一的试卷测试的方法，灵活采用观察、课堂提问、社会调查、写作、采访、演讲、座谈、课题综合作业等评价方法。

（五）充分利用互联网信息化手段进行教学

1.利用信息化技术，构建良好的语文教学情境

提高语文综合能力的有效方式，是借助大量的语言实践。现阶段的高职语文教学理念，常采用小组合作教学的方式，这一方式可以获得较为良好的教学效果。高职语文教学中的综合实践活动，可利用现代信息技术，以学生的专业为导向，对教学实践进行调整与安排，构建适宜的教学情境，设置相关的互动项目，使学生通过语文综合实践教学获得更多的实践体验。因此，在高职语文教学的综合实践活动中，教师应利用信息技术，为学生搭建有效的学习平台、构建良好的教学情境，增加教师与学生、学生与学生之间的互动。

2.利用信息化技术，丰富高职语文的综合实践活动方式

高职语文的综合实践教学法所具有的多样性与趣味性，是调动学生学习兴趣的关键。语文综合实践活动不能局限于课堂、教材，应引导学生走出课堂，摆脱旧有教学模式的束缚。

（1）采用戏剧的方式，丰富实践活动

高职语文教师可指导学生进行剧本改编或创作，使其通过戏剧表演的方式对课文或是阅读资料进行更为深入的理解。教师引导学生进行自导自演，可以使学生进一步了解角色，体会文章中所表达出的情感，进而产生一种真实的阅读体验。比如，在对《茶馆》进行介绍时，教师就可以借助戏剧表演的方式，使学生对人物性格、情感进行准确的把

控,尽量去体会当时的情境,引导学生去感受人物的心理。教师还可以让学生根据自身的经历编写剧本,促进学生得到多方面的锻炼,使学生进一步地了解语文创作技能,提高语文应用能力。

(2)利用辩论比赛,丰富实践活动

通过辩论,可以对学生的思维进行强化培养,这也是高职语文教学中,综合实践教学法的一项重点教学内容。利用辩论,可以使学生多角度地对问题进行思考,且这一方式较为新颖,可以使学生的参与性得到进一步的有效调动。同时,辩论比赛可以使学生间的合作加强,引导学生对语文知识进行更为深入的理解。

(3)将语文实践活动与专业特点进行有效的结合

由于高职学生各自的专业不相同,为有效调动学生的学习兴趣,进一步巩固学生的专业技能与知识,凸显高职语文的教学特征,可以将语文与学生的专业进行有效的结合。比如,在对旅游专业的学生进行语文教学时,教师可以指导学生选取一景点,编写导游词,为大家叙述景点特征。这一过程不仅可以提升学生的综合写作能力和口语表达能力,还可以使学生的专业知识得到进一步巩固。此外,教师可以选取相关的主题,开展高职语文综合实践活动,让学生对课堂活动进行支配,使学生对相关的内容进行介绍或是讲解,并增加一些趣味活动,使课堂氛围得到进一步调动。实践教学活动的开展,在提升学生语文素质及专业素养的同时,能扩展学生的知识领域。

3. 深入利用信息化技术,开展高职语文综合实践教学

现阶段,信息技术已逐步进入实际教学之中。因此,教师在运用综合实践教学法进行高职语文教学时,可以借助现代化的信息教学设备,充分利用现代化的教学优势,调动语文教学的氛围,使学生的主动性得到进一步的提升,使其主动并积极地参与高职语文教学的综合实践活动。教师可以利用多媒体教学设备,向学生进行教学内容的展示,使学生更加直观地了解教学或实践内容,进而提升教学效率。此外,在综合实践活动中,教师可以借助语文与专业教学内容,利用信息交流平台,构建网络学习环境,促使学生可以充分地投入高职语文教学的综合实践活动中。

参考文献

[1] 谢东华.职业能力培养视域下高职语文教学策略研究 [M].长春:吉林人民出版社,2017.

[2] 谢东华,王华英."互联网+"环境下高职语文教学模式改革研究 [M].长春:吉林人民出版社,2017.

[3] 郭明俊.高职院校语文课程教育研究 [M].天津:天津科学技术出版社,2018.

[4] 邹佩佚.高职大学语文教学改革与创新 [M].沈阳:辽海出版社,2018.

[5] 陆时红,刘娟,邹婷.高职院校大学语文课程研究 [M].长春:吉林人民出版社,2017.

[6] 张瑞梅,王永凤.高职语文教学应重视人文素养的培养 [J].文学教育（下）,2022（6）:79-81.

[7] 赵娥,王春宁.在高职语文教学中培养学生职业能力的对策探讨 [J].产业与科技论坛,2022,21（10）:200-201.

[8] 陈海萍.基于项目式学习的高职语文群文阅读教学实践研究 [J].职业,2022（9）:61-63.

[9] 殷晓雷.语文教学引入混合式教学模式的措施探讨 [J].文学教育(下),2022（4）:63-65.

[10] 尹莉莉.现代信息技术视野下高职语文精品课程体系建设初探[J].办公自动化,2022,27（8）:19-21+18.

[11] 唐欢.高职院校中开设《大学语文》课程的必要性研究 [J].语文教学通讯·D刊（学术刊）,2022（4）:8-10.

[12] 蔡军强.高职大学语文课程"互联网+"混合式教学模式探究 [J].滁州职业技术学院学报,2022,21（1）:81-83+95.

[13] 何雯娟.高职院校"大学语文"课程教学的实践与思考 [J].四川省干部函授学院学报,2022（1）:105-108.

[14] 单册.信息化技术在高职语文课堂教学中的运用 [J].品位·经典,2022（5）:161-163.

[15] 侯博 . 五年制高职语文慕课开发建设与多元化分层教学改革实践——以南京高等职业技术学校为例 [J]. 武汉工程职业技术学院学报,2022,34（1）：92-96.

[16] 吴芳 . 基于人文精神培养的高职语文教学研究 [J]. 兰州职业技术学院学报,2022,38（1）：87-89.

[17] 王芳 . 如何提升高职语文课堂教学水平 [J]. 文学教育（下）,2022（1）：188-190.

[18] 呼艳 . 高职语文教学渗透职业精神与人文素养研究 [J]. 陕西教育（高教）,2022（1）：57-58.

[19] 李青松 . 高职院校"大学语文"体验式教学初探 [J]. 兰州职业技术学院学报,2021,37（6）：102-103.

[20] 李璇 . 慕课背景下高职院校语文课程改革研究 [J]. 科学咨询（科技·管理）,2021（12）：175-177.

[21] 王爱琴 . 注入现代教育技术　优化高职语文教学 [J]. 文学教育（下）,2021（11）：86-87.

[22] 王珍 . 网络环境下高职语文教学评价体系构建 [J]. 科教导刊,2021（32）：121-123.

[23] 岳崇松 . 高职语文教学存在的问题及策略分析 [J]. 河南教育（教师教育）,2021（11）：63.

[24] 曹静 . 现代教育技术导入高职语文教学中的作用探究 [J]. 江西电力职业技术学院学报,2021,34（10）：26-27.

[25] 薛欢 . 基于任务驱动教学法在高职文言文教学中的实践分析 [J]. 江西电力职业技术学院学报,2021,34（10）：40-41.

[26] 朱雯雯 . 试析高职院校大学语文课程教学改革 [J]. 文学教育（下）,2021（10）：136-137.

[27] 蔺忠绘 . "互联网 +"背景下高职院校大学语文教学策略研究 [J]. 连云港职业技术学院学报,2021,34（3）：89-92.

[28] 张雅婷 . 大学语文课程与人文素养提升 [J]. 文学教育（下）,2021（9）：144-145.

[29] 刘云憬,丁园园 . 高职院校大学语文教育重要性探讨 [J]. 烟台职业学院学报,2021,16（3）：63-67+84.

[30] 易婧云 . 基于职业能力培养的高职语文教学创新思路探讨 [J]. 就业与保障,2021（17）：138-139.

[31] 张燕 . 高职在线开放课程建设的问题与对策——以大学语文在线开放课程为

例 [J]. 襄阳职业技术学院学报，2021，20（4）：69-72.

[32] 陆坤. 高职院校大学语文教学的对接与转变 [J]. 文学教育（下），2021（8）：68-69.

[33] 刘满华. 高职大学语文课堂教学改革探索 [J]. 泰州职业技术学院学报，2021，21（4）：31-34.

[34] 熊艳. 微课视域下高职语文教学改革研究 [J]. 科学咨询（科技·管理），2021（6）：235-236.

[35] 陈波. 翻转课堂在高职语文教学中的实践探究 [J]. 文化创新比较研究，2020，4（34）：101-103.

[36] 吴小琴. 信息化技术在高职语文中的运用 [J]. 信息记录材料，2020，21（9）：114-116.

[37] 韩向阳. 基于"互联网+"大学语文翻转课堂教学方法初探 [J]. 延安职业技术学院学报，2020，34（4）：61-63.

[38] 曹艳萍. 试论高职语文项目教学模式的实践研究 [J]. 今古文创，2020（12）：90-92.

[39] 焦黎黎. 高职语文情境教学设计研究与实践分析 [J]. 才智，2018（30）：88.

[40] 石林鑫. 基于职业能力培养的高职语文教学创新研究 [J]. 西部素质教育，2018，4（17）：206.

[41] 潘朝晖. 论高职大学语文的实践教学 [J]. 内江科技，2017，38（10）：153+156.

[42] 于晓然. 浅谈关于高职语文教学内容及方向的几点思考 [J]. 才智，2017（19）：33.

[43] 周园. 高职语文口语交际教学策略研究 [J]. 山东商业职业技术学院学报，2016，16（5）：42-45.

[44] 王超. 基于多感官体验的新媒体交互艺术 [J]. 工业设计，2015（10）：60-61.

[45] 李如珺，吴琪. 高职语文情境教学初探 [J]. 文学教育（上），2014（11）：58-59.

[46] 卢芳. 高职语文教学改革实践探究 [J]. 辽宁师专学报（社会科学版），2014（2）：59-60.

[47] 蔡敏，陈瑛. 高职应用语文教学方法的探索与研究 [J]. 烟台职业学院学报，2011，17（3）：17-19.

[48] 彭静悦. 高职语文教学困境与对策研究 [D]. 武汉：华中师范大学，2021.

[49] 赵佳. 高职语文项目教学模式的实践研究 [D]. 洛阳：洛阳师范学院，2020.

[50] 张娟娟. 翻转课堂在高职语文教学中的应用研究 [D]. 杭州：浙江工业大学，

2019.

[51] 张俏 . 高职院校"大学语文"课程实施的调查研究 [D]. 石家庄：河北科技师范学院，2018.

[52] 王育华 . 高职院校大学语文教学改革研究 [D]. 咸阳：西北农林科技大学，2017.